Bettina Scheer & Elke Gulden

KliKlaKlanggeschichten zur Advents- und Weihnachtszeit

DON BOSCO

Bibliografische Information der Deutschen Nationalbibliothek

Die Deutsche Nationalbibliothek verzeichnet diese Publikation in der Deutschen Nationalbibliografie; detaillierte bibliografische Daten sind im Internet über http://dnb.d-nb.de abrufbar.

In gleicher Ausstattung

ISBN 978-3-7698-1526-9

ISBN 978-3-7698-1610-5

ISBN 978-3-7698-1638-9
2. Auflage 2007

Umschlag und Instrumentenzeichnungen: Margret Russer, München
Illustrationen: Antje Bohnstedt, Waldbronn
Produktion: Don Bosco Druck & Design, Ensdorf

Gedruckt auf umweltfreundlichem Papier

Inhalt

Die Heilige Nacht

Vorwort

Die Weihnachtszeit ist bekanntermaßen eine ganz besondere Zeit im Jahr. Kein anderes Ereignis hält die Kinder so lange in seinem Bann. Es fasziniert sie tagaus, tagein und darüber hinaus beschäftigt es die Kinder noch bis in ihre Träume. Selbstverständlich greifen Sie in Ihrer Einrichtung dieses Fest thematisch auf, singen Advents- und Weihnachtslieder, tanzen zu Weihnachtsmusik und vieles mehr.

Damit Sie auch während dieser Zeit im Jahr mit Klanggeschichten arbeiten können und um Ihnen viel Recherche nach geeigneten Geschichten zu ersparen, haben wir diese Sammlung der schönsten Weihnachtsklanggeschichten zusammengestellt und Sie thematisch geordnet:
Adventszeit, Nikolaus, Weihnachtswetter, Weihnachtszeit, Plätzchen, Nuss und Mandelkern, Beim Weihnachtsmann, Der Tannenbaum, Die Heilige Nacht.

Dabei finden Sie unter „Adventszeit“ eher Besinnliches, unter „Weihnachtszeit“ eher Lustiges. Innerhalb der Themenkreise sind die Geschichten nach Schwierigkeitsgraden sortiert, so dass kürzere, leichte Geschichten jeweils zu Beginn stehen.

Wir wünschen Ihnen viel Spaß beim Umsetzen mit unseren Klanggeschichten sowie viele frohe Weihnachtsstunden, in denen sich der Zauber der Weihnacht in den Augen „Ihrer" Kinder widerspiegelt.

Fröhliche Weihnachten!

Herzlichst Ihre

Bettina Scheer & Elke Gulden

Verwendete Instrumente

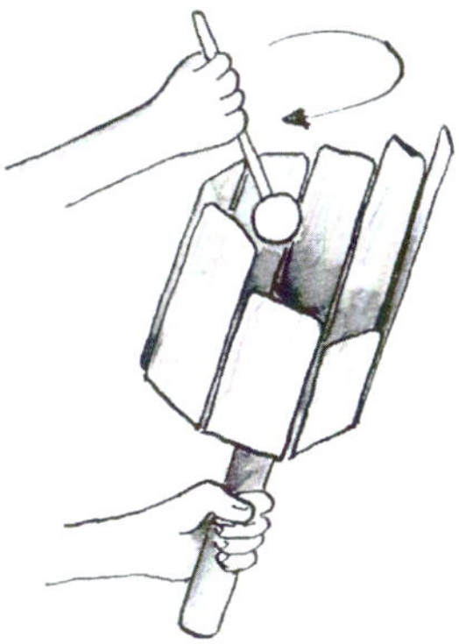

Rührtrommel

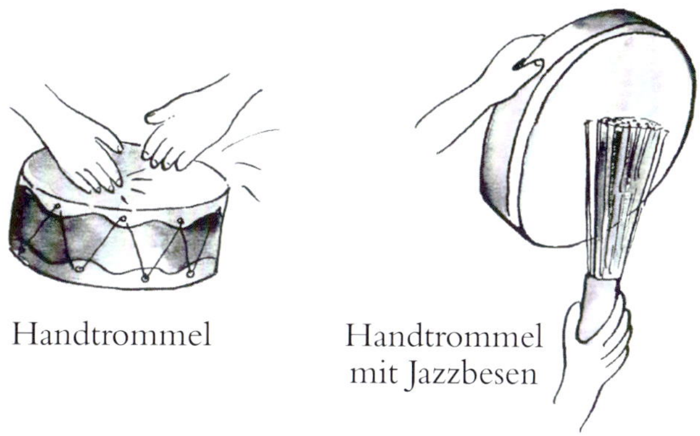

Handtrommel

Handtrommel
mit Jazzbesen

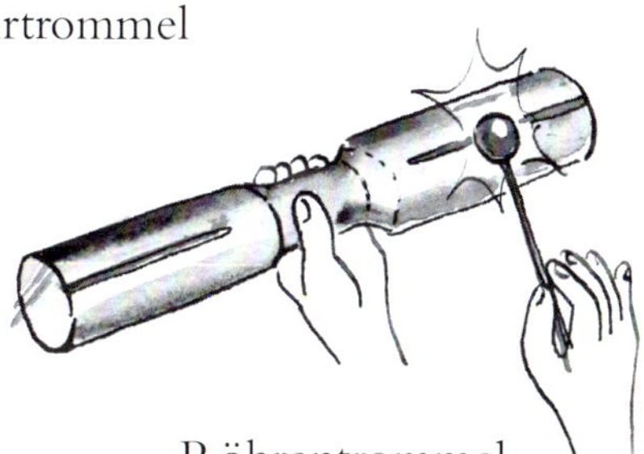

Röhrentrommel

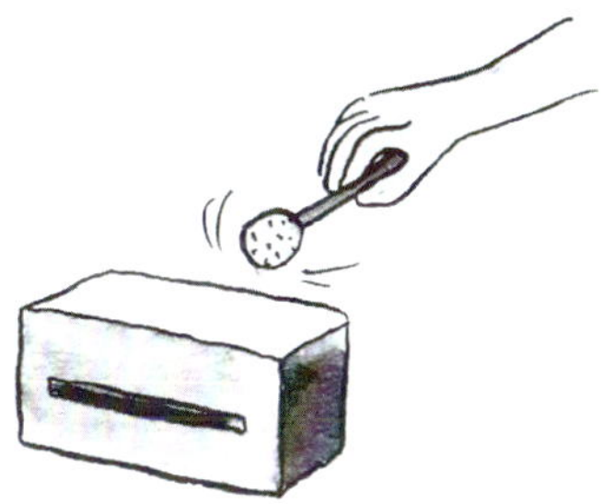

Holzblocktrommel

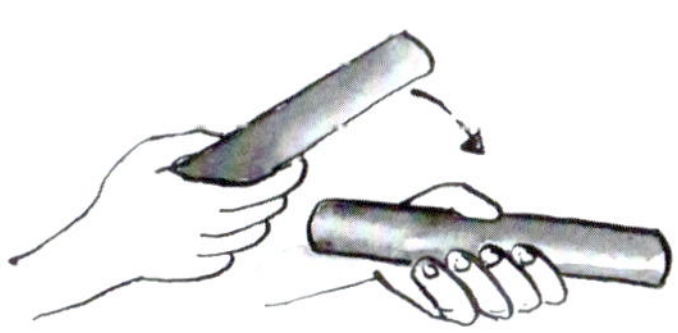

Klanghölzer

Stielkastagnette

Rassel

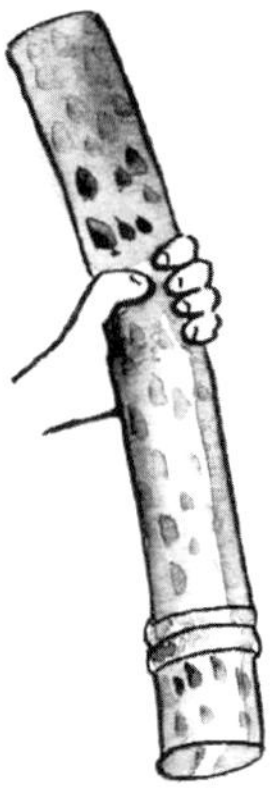

Rainmaker

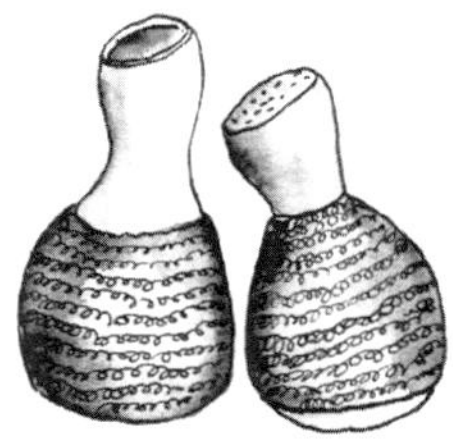

Shekere

Cabasa

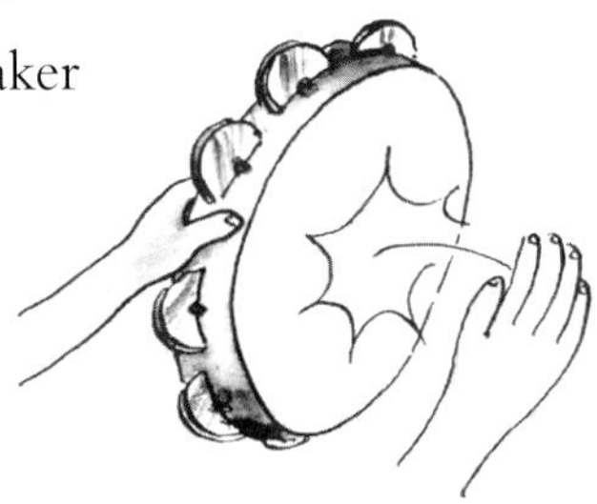

Schellentambourin

Schellenkranz

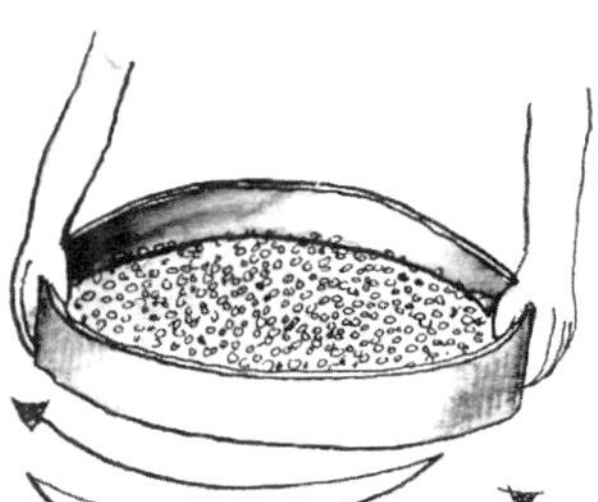

Oceandrum

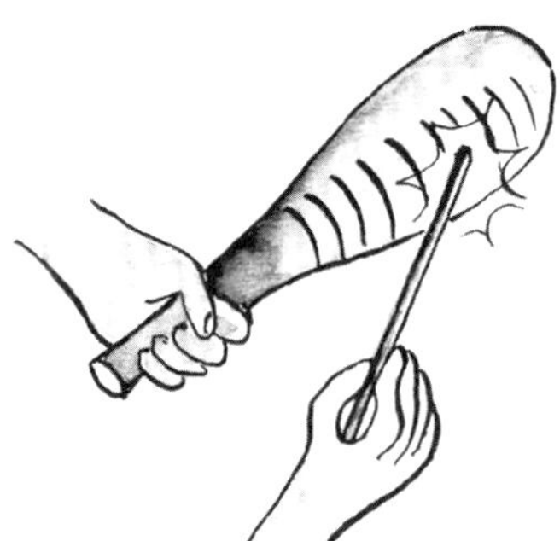

Guiro

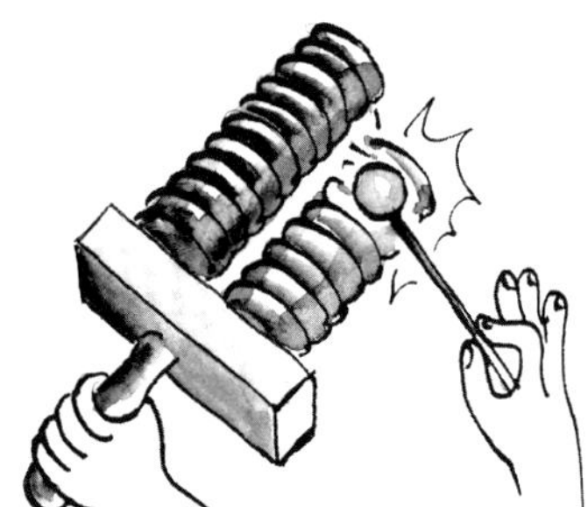

Double Wooden Agogo

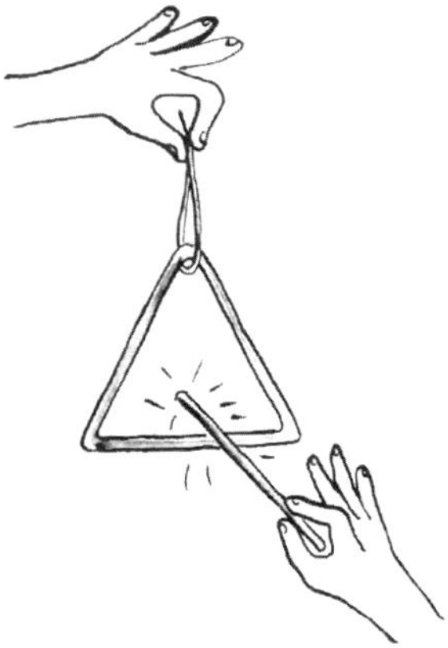

Triangel

Glöckchen

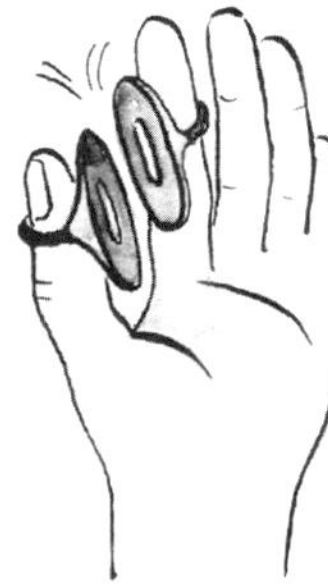

Fingercymbeln

Klangschale

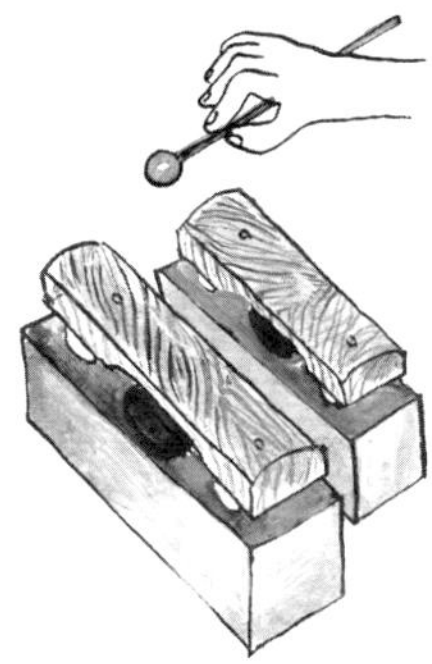

Klangstäbe

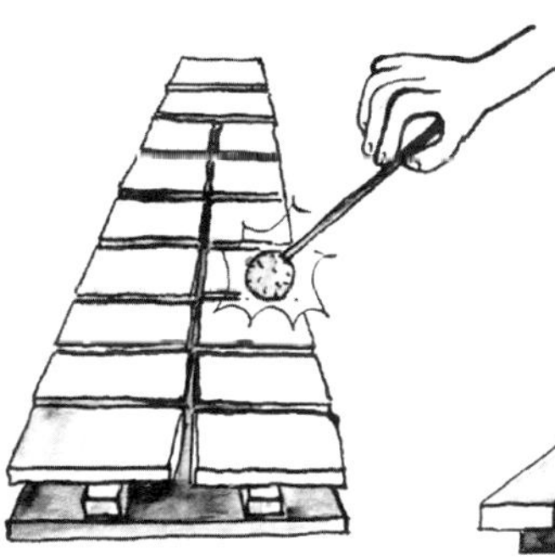

Glockenspiel

Metallophon

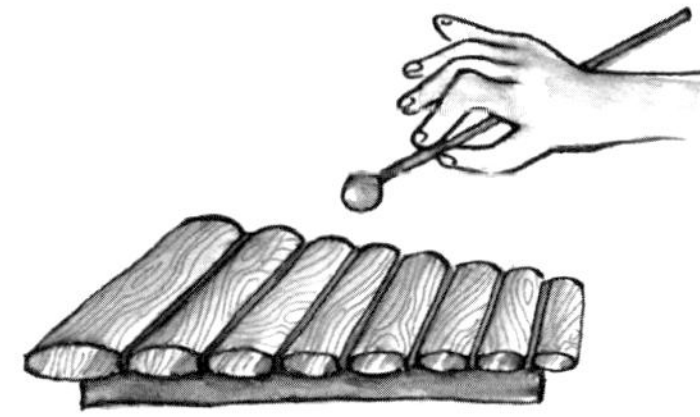

Xylophon

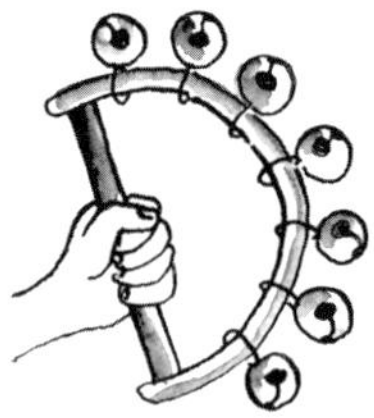

Glockenrad

Schlittengeläut

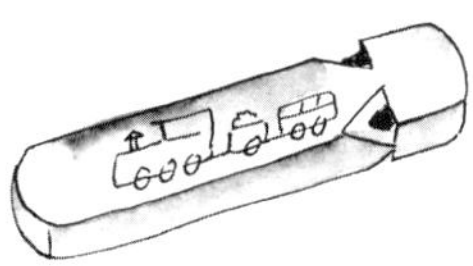

Zugpfeife

Becken

Adventszeit

Ein Licht

Glöckchen

In unsrer Mitte brennt ein Licht,
es scheint ganz hell in dein Gesicht.

1 Glöckchen

Und leuchtet bald der ganze Kranz,
erscheint der Raum in vollem Glanz.

alle Glöckchen

Der Adventskranz

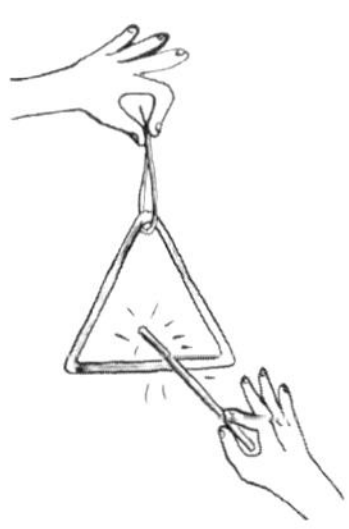

4 Triangeln

Kannst du die vielen Kerzen sehn,
die auf dem Adventskranz stehn?

1. Triangel	Wir zünden jetzt die erste an,
2. Triangel	doch bald schon ist die zweite dran.
3. Triangel	Nach einer Woche brennt die dritte,
4. Triangel	dann kommt die vierte – so ist's Sitte.
alle Triangeln noch einmal gemeinsam anschlagen	Erstrahlen alle Kerzen hell, dann gehts bis Weihnachten ganz schnell.

Adventszeit

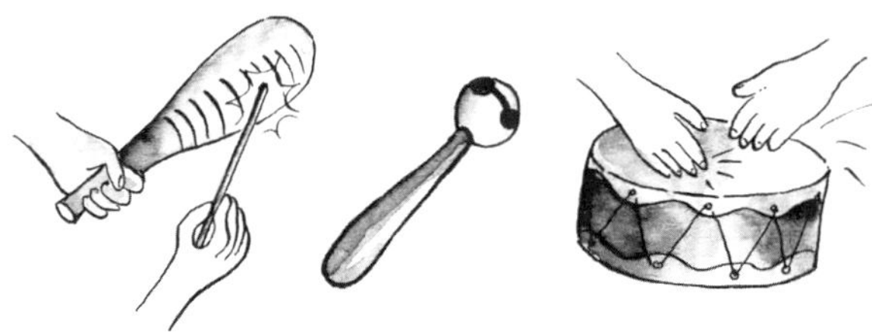

Guiro, Glöckchen, Handtrommel

	Wir möchten am ersten Advent,
	dass für uns die Kerze brennt.
Guiro	Drum zünden wir ein Streichholz an
	und halten's an die Kerze ran.
1 Glöckchen	Hell erstrahlt das Kerzenlicht,
	zaubert ein Lächeln in jedes Gesicht.
	Darauf folgt der zweite Advent,
	an dem die nächste Kerze brennt.

Wir zünden uns ein Streichholz an	Guiro
und halten's an zwei Kerzen ran.	
Hell erstrahlt das Kerzenlicht,	2 Glöckchen
zaubert ein Lächeln in jedes Gesicht.	
Ich weiß, dass ihr es jetzt schon kennt.	
Was machen wir am dritten Advent?	
Wir zünden uns ein Streichholz an	Guiro
und halten's an drei Kerzen ran.	
Hell erstrahlt das Kerzenlicht,	3 Glöckchen
zaubert ein Lächeln in jedes Gesicht.	
Ich weiß, ihr seid intelligent,	
was passiert am vierten Advent?	
Wir zünden uns ein Streichholz an	Guiro
und halten's an vier Kerzen ran.	
Hell erstrahlt das Kerzenlicht,	4 Glöckchen
zaubert ein Lächeln in jedes Gesicht.	
Und endlich, endlich – heißassa! –	
ist der Weihnachtsabend da.	
Der Weihnachtsbaum wird aufgestellt,	
damit er Raum und Herz erhellt.	
Wir zünden alle Kerzen an	Guiro, alle Glöckchen
und schließlich kommt der Weihnachtsmann.	Handtrommel

Sterne basteln

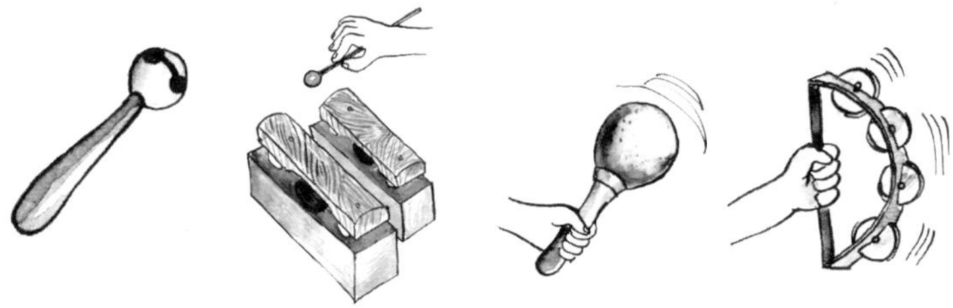

Glöckchen, Klangstäbe (Metallophon) c′ und c″,
Rassel, Schellenkranz

Glöckchen	Sterne wollen wir heut machen
	für die schöne Weihnachtswelt.
alle Instrumente	Drum haben wir die Bastelsachen
	auf dem Tisch bereitgestellt.
Metallophon, abwechselnd c′–c″	So schneiden wir aus Glanzpapier
Glöckchen	verschied'ne Sternenformen aus.
Rassel	Dann streuen wir als hübsche Zier
Schellenkranz	noch Glitzerpulver darauf aus.

Nikolaus

Alle laufen schnell nach Haus

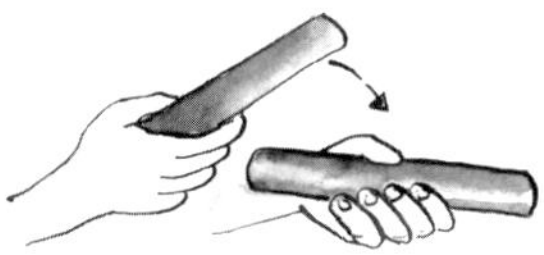

Klanghölzer

Kinder laufen schnell nach Haus, denn bald kommt der Nikolaus.	Klanghölzer gleichmäßig schlagen
Pferde traben schnell nach Haus, denn bald kommt der Nikolaus.	Klanghölzer im Rhythmus schlagen kurz–lang
Hasen hoppeln schnell nach Haus, denn bald kommt der Nikolaus.	Klanghölzer 1× schlagen, 1× reiben

Tipp:
Finden Sie weitere Tiere und überlegen Sie gemeinsam mit den Kindern eine passende Instrumentierung bspw. Bären stampfen – Handtrommel, Eichhörnchen springen – Holzblocktrommel usw.

Nikolaus

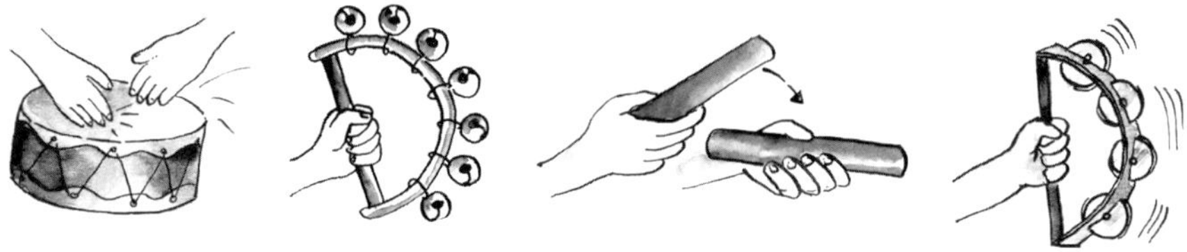

Handtrommel, Glockenrad, Klanghölzer, Schellenkranz

Handtrommel	Der gute, alte Nikolaus geht überall von Haus zu Haus.
Glockenrad, Klanghölzer Schellenkranz	Obst und Nüsse bringt er heute, schenkt den Kindern eine Freude.

Morgen kommt der Nikolaus

Handtrommel, Triangel, Schlittengeläut, Stielkastagnette, Shekere, Klanghölzer

Handtrommel, gerieben	Die Schuhe sind ganz schön verschmutzt, jetzt werden sie erstmal geputzt.

Sie werden blitzeblank poliert, dabei sind wir sehr konzentriert.	Triangel
Dann stellen wir sie vor die Tür, wer fragt da noch „Warum? Wofür?“	Handtrommel, 2× schlagen
Der Nikolaus kommt diese Nacht, und nur für ihn sind sie gedacht.	Schlittengeläut
Jetzt müsst ihr aber schlafen gehn, das fällt schwer, ich kann's verstehn.	Stille
Leise kommt der Nikolaus in der Nacht in unser Haus.	Schlittengeläut
Er legt Nüsse in die Schuh und Süßigkeiten noch dazu.	Stielkastagette Shekere
Am Morgen laufen wir zur Tür: „War der Nikolaus schon hier?“	Klanghölzer

Weihnachtswetter

Regenwetter

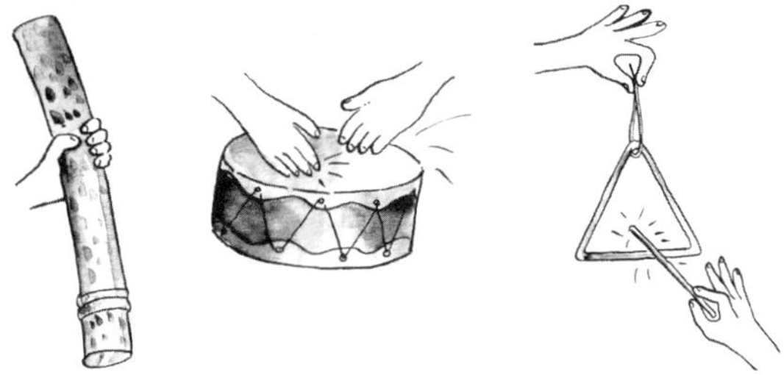

Rainmaker, Handtrommel, Triangel

Rainmaker	Es regnet ohne Unterlass, alles ist schon pitschenass.
	Nichts wirkt wirklich winterlich und schon gar nicht weihnachtlich.
Handtrommel	Der Weihnachtsmann ist schlecht gelaunt, er geht zum Wettergott und raunt:
Rainmaker	„Dein Regen ist ein voller Graus, dies Jahr fällt Weihnachten wohl aus.
Triangel	Was hältst du denn von der Idee: mach doch statt Regen einfach Schnee."
Stille	So wird die Welt in Weiß gebettet und die Weihnachtszeit gerettet.

Weiße Weihnacht

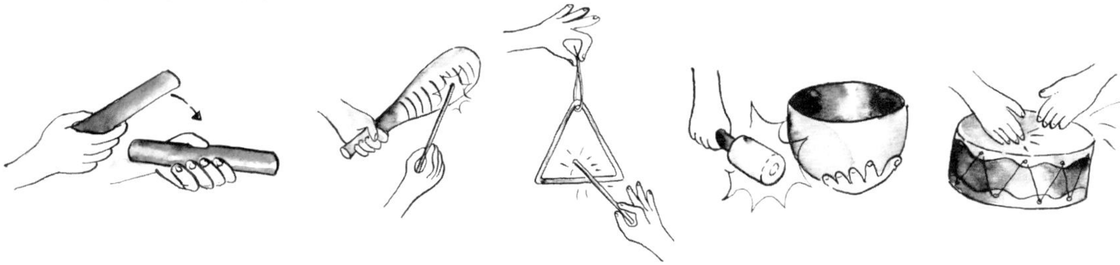

Klanghölzer, Guiro, Triangel, Klangschale, Handtrommel

Weiße Weihnacht wünsch ich mir, das wär schön für Mensch und Tier.	
Morgens lauf ich schnell zum Fenster, hoff auf kleine Schneegespenster.	Klanghölzer
Gespannt reiß ich den Vorhang weg und kriege einen großen Schreck.	Guiro Triangel, 1× laut
Denn am Himmel scheint die Sonne, strahlt herab mit voller Wonne.	Klangschale
So wart ich auf den nächsten Tag, ob er den Schnee wohl bringen mag?	Stille
Der Himmel ist heut sehr viel grauer, doch bringt er uns nur einen Schauer.	Handtrommel, mit den Fingerspitzen spielen
Es regnet nun in einer Tour, ja sagt, wo bleibt der Schnee denn nur?	Handtrommel, etwas lauter

Triangel, 3× leise anschlagen	So langsam wird die Zeit jetzt knapp, fällt denn gar kein Schnee herab?
Stille	Jetzt naht schon bald der Weihnachtstag, ob er den Schnee wohl bringen mag?
Guiro	Gespannt reiß ich den Vorhang weg und kriege erstmals keinen Schreck.
Glockenspiel, glissando	Hurra, hurra, es hat geschneit! Weiß ist alles weit und breit.
Glockenspiel, einzeln anschlagen	Draußen tanzen noch mehr Flocken zum Geläut der Kirchenglocken.
Stille	Am schönsten ist die weiße Pracht doch wirklich in der Weihnachtsnacht!

Kälte

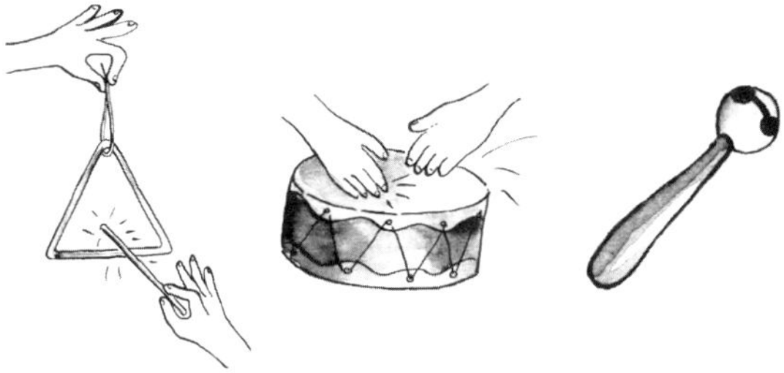

Triangel, Handtrommel, Glöckchen

Draußen ist es bitterkalt,	Triangel
der Wind bläst durch den Tannenwald.	Handtrommel, gerieben
Sterne stehn am Himmelszelt,	Glöckchen
friedvoll scheint die ganze Welt.	Stille

Frierende Hasen

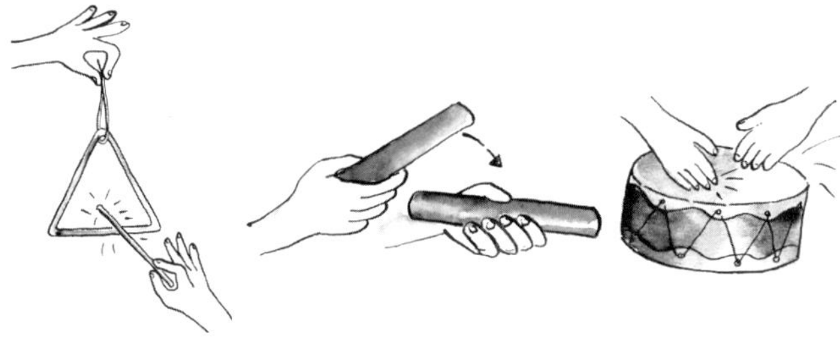

Triangel, Klanghölzer, Handtrommel

Triangeln, 8× anschlagen	Im tiefen Schnee sitzen „acht"* Hasen, vor Kälte haben sie rote Nasen.
Klanghölzer, im Wechsel 1× schlagen, 1× reiben	Sie hoppeln schnell zu ihrem Bau,
Handtrommel, gerieben	der Wind bläst wirklich ganz schön rau.
Stille	Vor dem Eingang bleiben sie stehn,
Klanghölzer, alle Kinder „hoppeln" hintereinander in den Bau	dann kann einer nach dem andern gehn.

* *Bitte setzen Sie hier die Anzahl der musizierenden Kinder ein.*

Der braune Bär

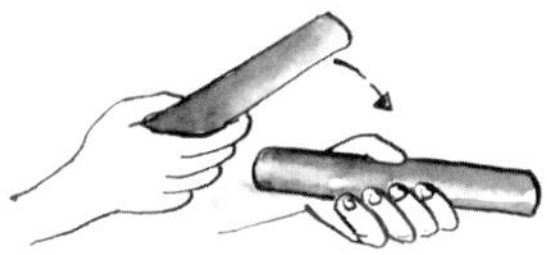 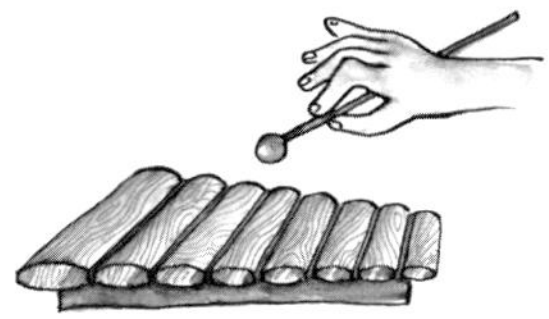

Klanghölzer, Xylophon

Vor kurzer Zeit, beim Walddurchqueren, traf ich einen braunen Bären.	Klanghölzer
Er hatte eine Leidenschaft, die war so gar nicht bärenhaft.	Stille
Wisst ihr, was ihm so gut gefiel? Der Schlitten war sein liebstes Spiel.	
So tapste er in kleinen Schritten auf den Berg mit seinem Schlitten.	Xylophon, einzeln nach oben spielen
Von oben sauste er ins Tal.	Xylophon, glissando nach unten spielen
Das machte er zweihundertmal.	Wiederholung

Weihnachtszeit

Glöckchen klingen

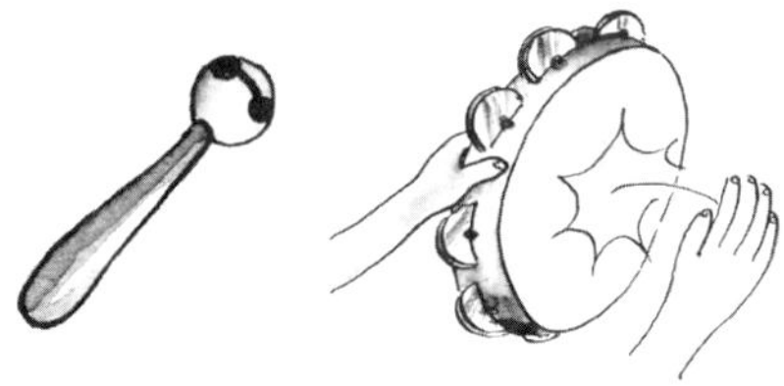

Glöckchen, Schellentambourin

Glöckchen	Glöckchen klingen, Kinder singen:
	Weihnachten ist recht bald da
Schellentambourin	und dann beginnt ein neues Jahr.

Glöckchen

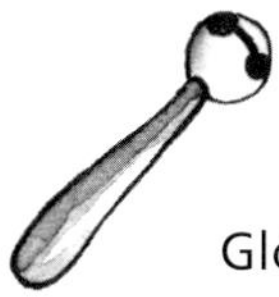

Glöckchen

Da klingt ein Glöckchen, hört gut her: erst nur eins, dann werden's mehr.	Glöckchen, nacheinander einsetzen
Mal läutet's hier, mal schellt es da, das klingt so schön und wunderbar.	Glöckchen, einzeln alle zusammen

Weihnachtsduft

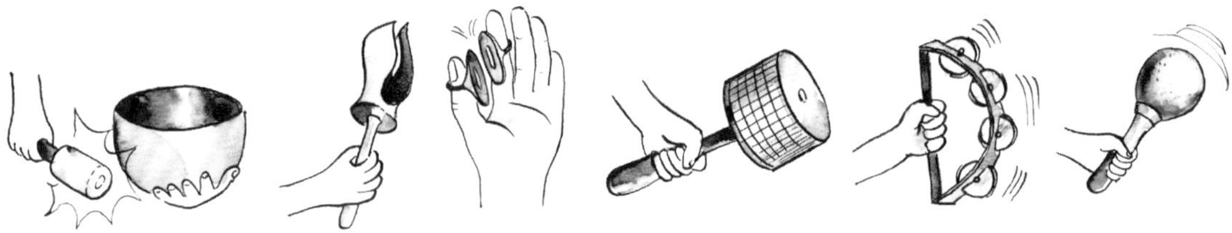

Klangschale, Stielkastagnette, Fingercymbeln, Cabasa, Schellenkranz, Rassel

Klangschale	Was liegt zurzeit nur in der Luft? Riecht ihr diesen Weihnachtsduft?
Stielkastagnette, Fingercymbeln, Cabasa	Äpfel, Nüsse, Mandarinen, Nelken, Zimt und auch Rosinen.
Schellenkranz, Rassel	Allseits riecht's nach Plätzchenteigen, Kerzenwachs und Tannenzweigen.
Klangschale	Weihnachten liegt in der Luft. Ach, wie lieb ich diesen Duft!

Hausmusik

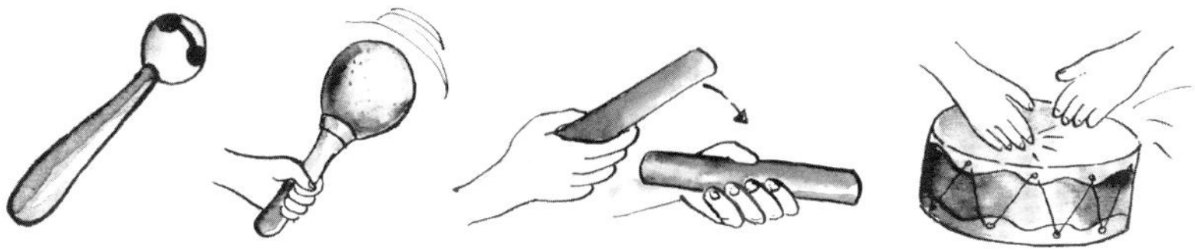

Glöckchen, Rasseln, Klanghölzer, Handtrommeln

Zur Weihnachtszeit wird musiziert und Weihnachtslieder einstudiert.	alle Instrumente
Die Glöckchen sind als erstes dran und proben laut für Jedermann.	Glöckchen
Die Rasseln stimmen leis mit ein, so schön kann musizieren sein.	Rasseln
Die Hölzer klopfen zart im Takt, sie spielen dabei ganz exakt.	Klanghölzer
Auch Trommeln sind heut mit dabei, ein jeder kann's – ganz zweifelsfrei.	Handtrommeln

Tipp:
Singen Sie im Anschluss daran ein gemeinsames Weihnachtslied, das nun von allen Instrumenten gleichzeitig begleitet wird.

Hektische Weihnachtzeit

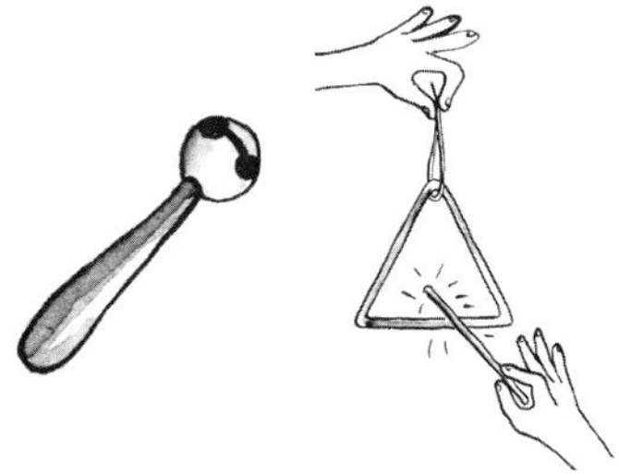

Glöckchen, Instrumente nach Wahl, Triangel

Glöckchen	Ein Engel sitzt auf einem Stern. Er mag die Menschen wirklich gern.
	Doch wie er auf die Erde sieht, fragt er sich, was dort geschieht.
alle Instrumente, außer Glöckchen und Triangel, schnell und laut	Kein Mensch hat für den andern Zeit. Muss das denn sein? Ist das gescheit?
	Jeder läuft und rennt und macht, niemand steht und schaut und lacht.
Stille	Doch gehört zur Weihnachtszeit nicht Ruhe und Besinnlichkeit?
	Schöner wären viele Dinge, wenn es etwas ruhiger ginge.
Triangel	Die Flügel schlägt er aneinand'. Beschaulich wirds sogleich im Land.

Nun ist Zeit zum lesen, reden, singen,
basteln, backen und Geschenke bringen.

alle Instrumente, außer Glöckchen und Triangel, langsam und leise

Jetzt sitzt der Engel auf dem Stern
und sagt: „So mag ich's wirklich gern!"

Glöckchen

Weihnachtsdekoration

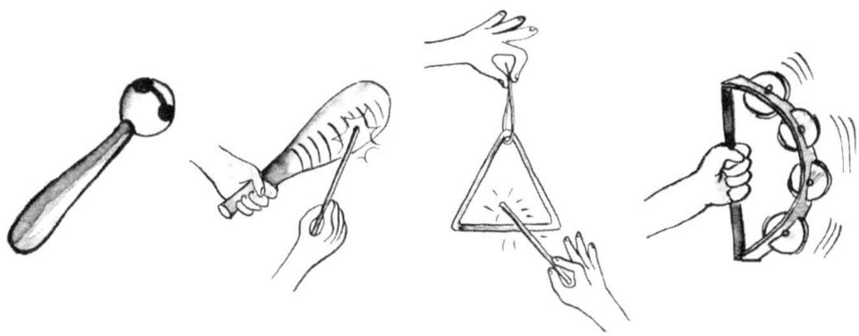

Glöckchen, Guiro, Triangel, Schellenkranz

Die Stadt ist weihnachtlich geschmückt,
alle sind total verzückt.

Glöckchen

Viel Tannengrün ist dekoriert,
gold'ne Kugeln sind platziert.

Guiro
Triangel

Daran sind Lichter angebracht,
alles strahlt in heller Pracht.

Schellenkranz
alle Instrumente

Wunschzettel

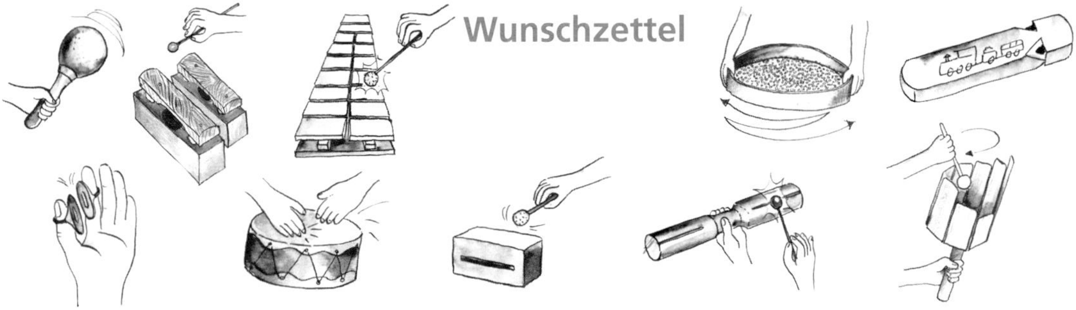

Rassel, tiefer Klangstab, Glockenspiel, Oceandrum, Zugpfeife, Fingercymbeln, Handtrommel, Holzblocktrommel, Röhrentrommel, Rührtrommel

Rassel	Wir schreiben Wunschzettel zuhauf, was steht denn da so alles drauf?
Klangstab Stimme	Auf einem steht ein Teddybär und eine rote Feuerwehr.
Glockenspiel, glissando Oceandrum	Ein Bilderbuch ist noch dabei und auch ein Boot der Polizei.
Zugpfeife Fingercymbeln	Auf diesem steht ’ne Eisenbahn und ’ne CD von Löwenzahn.
Handtrommel, gerieben Holzblocktrommel	Ein Krokodil mit grünen Schuppen, und hier ein Haus für viele Puppen.
Röhrentrommel Rührtrommel	Ein Kind wünscht sich ein Schaukelpferd, ein andres einen Spielzeugherd.
alle Instrumente	Da hab’n die Wichtel viel zu tun, sie können erstmal gar nicht ruhn.

Weihnachtsmarkt

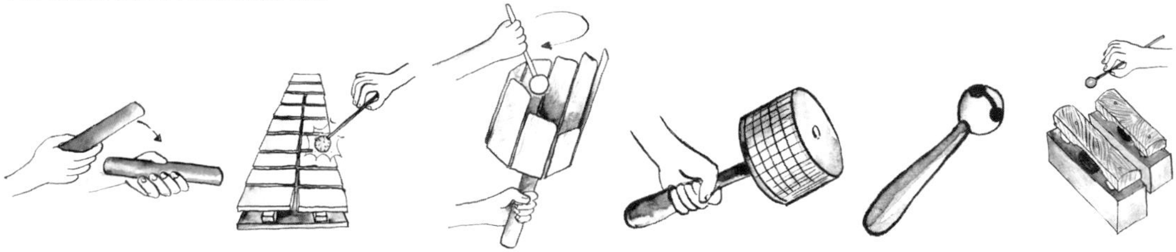

Klanghölzer, Glockenspiel, Rührtrommel, Cabasa, Glöckchen, tiefer Klangstab

Das Auto haben wir geparkt,	
jetzt laufen wir zum Weihnachtsmarkt.	Klanghölzer, schnell
Die ersten Stände kann ich sehn,	
nur langsam könn'n wir weitergehn.	Klanghölzer, langsamer
Ein Engel lacht vor einem Stand,	
er trägt ein goldenes Gewand.	Glockenspiel
Hier könnten wir 'ne Weile stehn,	
doch woll'n wir erstmal weitergehn.	Klanghölzer
Was dringt von weitem an mein Ohr?	
Ich glaub, da singt ein Kinderchor.	Weihnachtslied summen
Ach, wie das mein Herz berührt,	
doch seht – dort wird Kakao gerührt.	Rührtrommel
Eine Tasse hätt' ich gern	
und dazu 'nen Mandelkern.	Cabasa
Woll'n wir mal dort vorn hin laufen,	Klanghölzer
denn dort kann man Sterne kaufen?	Glöckchen

tiefer Klangstab — Wir gehn noch schnell zum Nikolaus,
Klanghölzer — doch dann wirds Zeit, wir gehn nach Haus.

Teilen

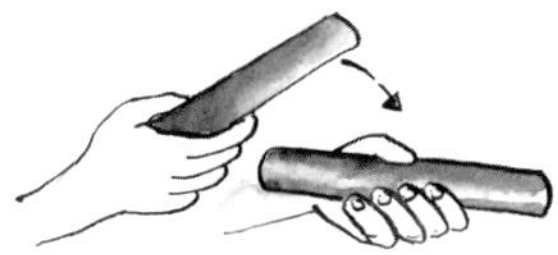

Klanghölzer,
halb so viele Paare, wie
Kinder anwesend sind

Ich hab „vier“ Klanghölzer dabei.
Doch möcht ich keine Drängelei.

Ein jeder kriegt ein Exemplar,
Klanghölzer austeilen — zu zweit habt ihr ein ganzes Paar.

Könnt ihr sie gemeinsam spielen?
Dafür müsst ihr richtig zielen.

Tipp:
Ein Weihnachtslied singen, das von den Kindern im Grundschlag mit den Klanghölzern begleitet wird.

Eilen, eilen, nicht verweilen

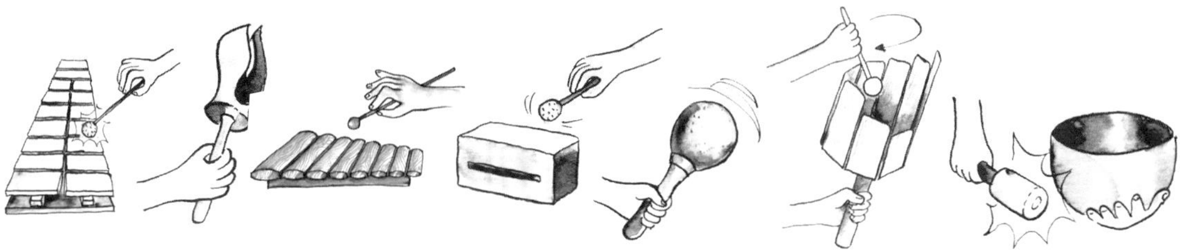

Glockenspiel, Stielkastagnette, Xylophon, Holzblocktrommel, Rassel, Rührtrommel, Klangschale

Lasst es uns kurz überschlagen, Weihnachten ist in „acht" Tagen.	
Da hat noch jeder viel zu tun und keiner hat mehr Zeit zu ruhn.	
Eilen, eilen, nicht verweilen!	alle Instrumente
Geschenke werden jetzt verpackt, die ersten Nüsse sind geknackt.	Glockenspiel Stielkastagnette
Eilen, eilen, nicht verweilen!	alle Instrumente
Pakete werden noch gepackt, das Feuerholz wird klein gehackt.	Xylophon Holzblocktrommel
Eilen, eilen, nicht verweilen!	
Gebastelt wird noch hie und da, geputzt, geschmückt et cetera.	Rassel Rührtrommel

alle Instrumente	Eilen, eilen, nicht verweilen!
alle Instrumente	Bald muss alles fertig sein,
Klangschale	dann kehrt Festtagsstimmung ein.

Fröhliche Weihnacht

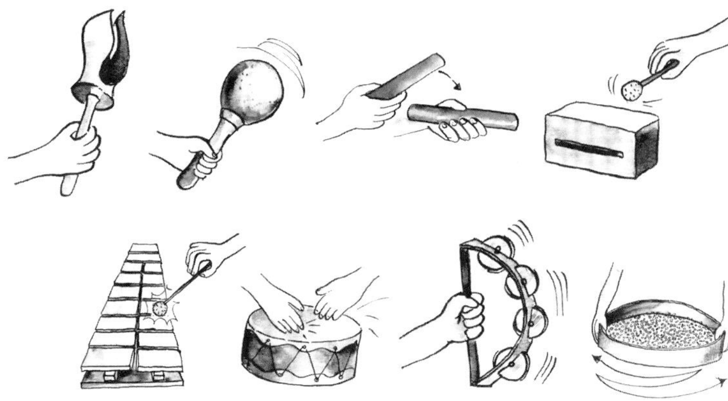

Stielkastagnette, Rasseln, Klanghölzer, Holzblocktrommel, Glockenspiel (pentatonisch), Handtrommel, Schellenkranz, Oceandrum

	„Fröhliche Weihnacht“ sagt man hierzulande,
	doch bringt ihr auch andre Sprachen zustande?
Stielkastagnette	„Feliz Navidad“ heißt es in Spanien,
Rasseln	„Boas Festas“ sagt man in Brasilien.

„Merry Christmas“ sagt der Engländer,	Klanghölzer
„Vorlijk Kerstfeest“ der Holländer.	Holzblocktrommel
„Shinnen Omedato“ heißt es auf Japanisch,	Glockenspiel, pentatonisch
„Shuvo Baro Din“ ist's auf Bengalisch.	Handtrommel
„Joyeux Noël“ sagt der Franzose,	Schellenkranz
„Christ Ahoi“ ruft der Matrose.	Oceandrum
Wohin man auf der Welt auch reist,	alle Instrumente
jeder weiß wie „Frohe Weihnacht“ heißt.	

Für das pentatonische Glockenspiel einfach die Klangplatten „h“ und „f“ (Halbtöne) herausnehmen.

Plätzchen, Nuss und Mandelkern

Der Nussknackermann

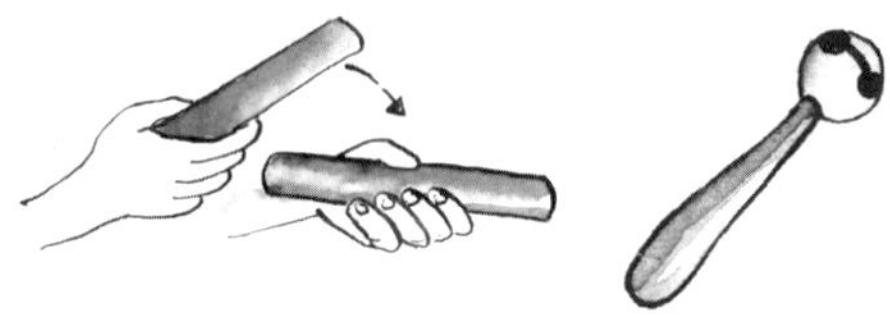

Klanghölzer, Glöckchen

Klanghölzer — Der Nussknackermann, der Nussknackermann
geht mit steifen Schritten schnell voran.

Glöckchen — Doch die kleine Weihnachtsmaus
flitzt ihm meilenweit voraus.

Der Pfefferkuchenmann

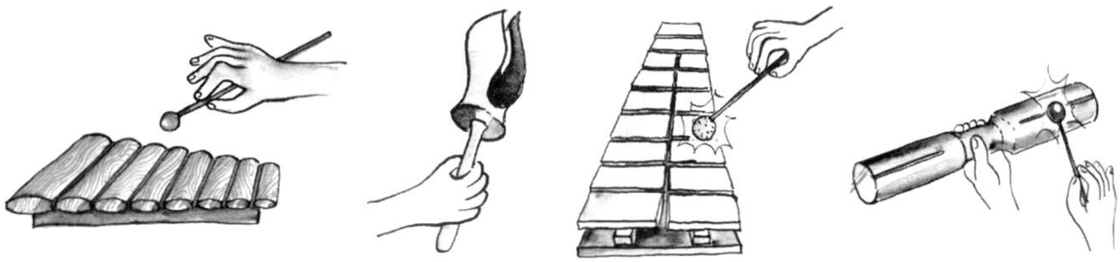

Xylophon, Stielkastagnette, Glockenspiel, Röhrentrommel

Kennt ihr den Pfefferkuchenmann,	Xylophon
er ist ganz braun und hat nichts an.	
Zwei Nüsse zieren sein Gesicht,	Stielkastagnette
die Nas' ist schief, das stört ihn nicht.	Glockenspiel, glissando
Die Hände stecken in den Taschen,	Röhrentrommel
dort sucht er sich noch was zum Naschen.	

Plätzchen backen

Rasseln, Holzblocktrommel, Röhrentrommel, Cabasa, Shekere, Stielkastagnette, Schellenkranz, Rührtrommel, Metallophon, Triangel, Handtrommel

	Plätzchen backen ist heut dran,
Rasseln	zieht schnell eure Schürzen an.
Holzblocktrommel, Röhrentrommel, Cabasa, Shekere, Stielkastagnette, Schellenkranz	Mandel, Nuss und Orangeat, Zimt, Anis und Zitronat,
	fügen wir dem Teig hinzu
Rührtrommel	und rühren fleißig immerzu.
Metallophon, einzeln anschlagen	Jetzt stechen wir die Plätzchen aus, hmmm, das wird ein leckrer Schmaus.
Metallophon, gleitend nach oben spielen	Das Blech kommt in den Ofen rein, schon bald wird alles fertig sein.
Stille möglichst lange halten	
Triangel	Da klingelt schon die Ofenuhr,
Handtrommel, gerieben	jetzt fehlt nur noch eine Glasur.
alle Instrumente	Unsre Plätzchen schmecken lecker, besser kann es auch kein Bäcker.

Der Nussknacker

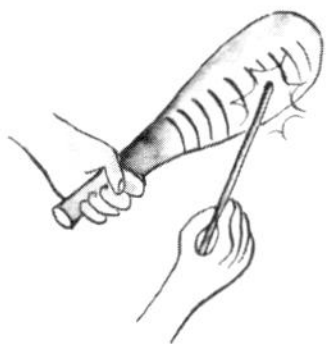

Guiro, entsprechend den unterschiedlichen Nüssen in verschiedenen Längen und Lautstärken spielen

Der Nussknacker kommt auf den Tisch,
er knackt die Nüsse spielerisch.

Ganz schnell knackt er die Haselnuss: Knack-knack, ihr Kern ist ein Genuss.	Guiro
Walnüsse sind für ihn nicht schwer: Knack-knack, schon ist die Schale leer.	Guiro
Auch Pekannüsse knackt er leicht: knack-knack, schon ist ihr Kern erreicht.	Guiro
Die Paranuss ist ganz schön hart: Knack-knack, ihr Kern ist trotzdem zart.	Guiro
Nüsse knackt er alle Zeit, dafür steht er stets bereit.	Guiro
Die Erdnuss jedoch knackt er nicht, weil man sie mit den Fingern bricht.	Stille

Tipp:
Bringen Sie die verschiedenen Nüsse mit und lassen Sie die Kinder probieren.

Beim Weihnachtsmann

Auf dem Weihnachtswichtelberg

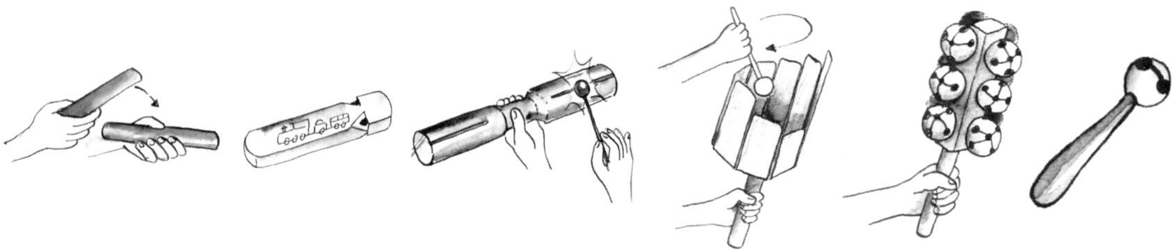

Klanghölzer, Zugpfeife, Röhrentrommel, Rührtrommel, Schlittengeläut, Glöckchen

Klanghölzer, „gehen"	Kommt, wir gehn zum Weihnachtsberg, dort sind Wichtel schon am Werk.
alle Instrumente	Sie werkeln fleißig ohne Ruh, Geschenke basteln sie im Nu.
Klanghölzer, „sägen"	Wichtel „Lisa" sägt das Holz in Stücke für eine tolle Hängebrücke.
Klanghölzer, „bohren"	Wichtel „Max" bohrt Löcher um die Wette in eine große Marionette.
Klanghölzer, „einfügen" Klanghölzer, „hämmern"	Wichtel „Doris" drückt die Dübel rein, Wichtel „Simon" hämmert Nägel ein.
Klanghölzer, „drehen" Klanghölzer, „hobeln"	Wichtel „Paul" dreht Schrauben in ein Zifferblatt, Wichtel „Jonah" hobelt alles glatt.

Verwandelt ist das ganze Holz,	
darauf sind sie richtig stolz:	
Eisenbahn und Schaukelpferd,	
daneben steht ein Puppenherd.	Zugpfeife, Röhrentrommel
	Rührtrommel
Das alles bringt der Weihnachtsmann	
am Weihnachtstag so schnell er kann.	Schlittengeläut
Bald legt er alles untern Baum,	
er ist ganz flink, man glaubt es kaum.	Stille
Durch den Türspalt linsen ist verpönt,	
erst wenn das Glöckchen dann ertönt,	
kommen alle aus den Zimmern raus	Glöckchen
und packen die Geschenke aus.	alle Instrumente

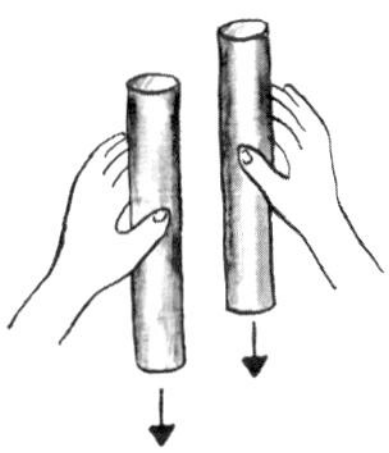
gehen

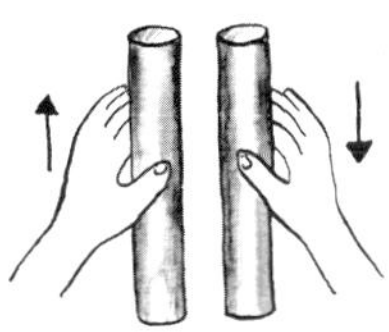
sägen

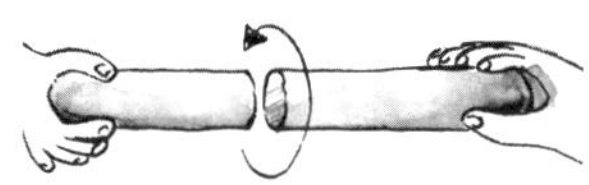
bohren

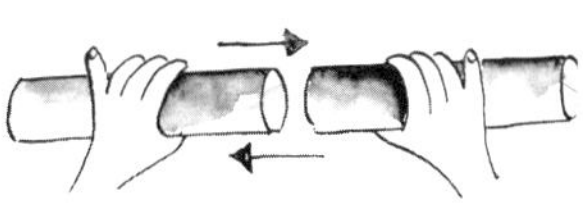
Dübel einfügen

hämmern

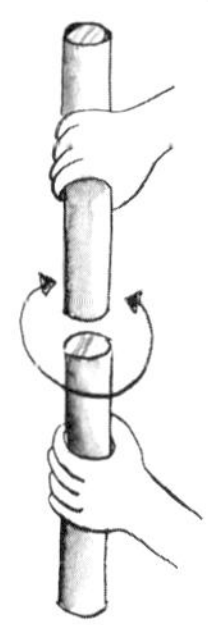
Schrauben drehen

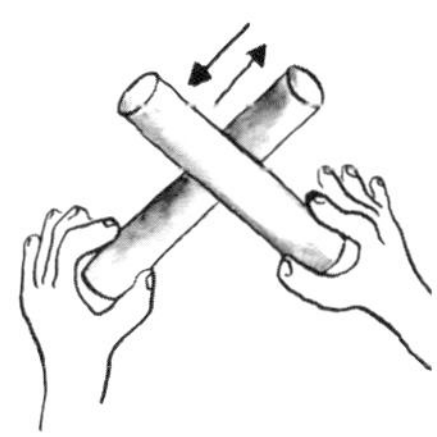
hobeln

Weihnachtsschlitten

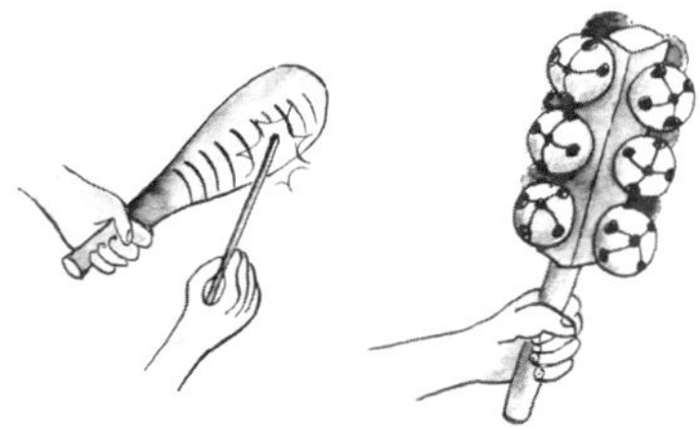

Instrumente nach Wahl, Guiro, Schlittengeläut

	Ist der Dezember fortgeschritten, packen die Wichtel den Weihnachtsschlitten.
Instrumente nach Wahl Guiro	Geschenke werden aufgeladen und festgezurrt mit Weihnachtsfaden.
Schlittengeläut	Dann endlich fährt der schwere Schlitten zu allen Kindern – unbestritten!

Tipp:
Die „Instrumente nach Wahl" liegen auf dem Boden in der Kreismitte. Ohne Absprache darf sich jedes Kind ein Instrument nehmen, es spielen und es anschließend wieder in die Mitte zurücklegen. Das Guiro spielt und ein nächstes Kind ist an der Reihe. Dabei dürfen keine Worte gewechselt werden.

Amerikanische Weihnacht

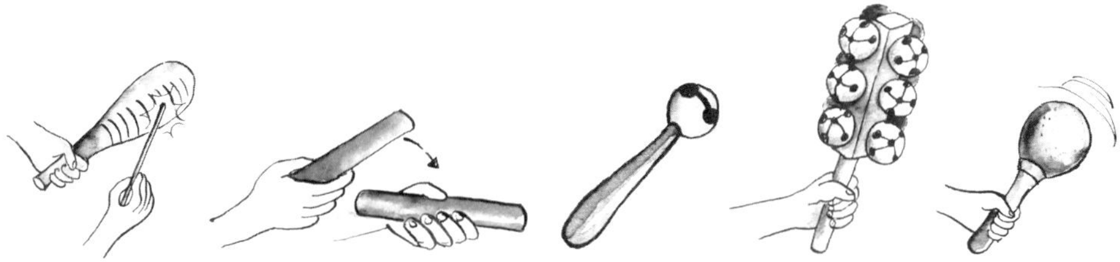

Guiro, Klanghölzer, Glöckchen, Schlittengeläut, Rasseln

Die Schnur wird vorm Kamin gespannt,	Guiro
die Kinder kommen angerannt.	Klanghölzer
Sie hängen ihre Socken dran,	Glöckchen, nacheinander
denn heut Nacht kommt der Weihnachtsmann.	Schlittengeläut
Er füllt sie dann zur Schlafenszeit	Rasseln
mit Äpfeln, Plätzchen, Süßigkeit.	

Tipp:
Jedes Kind erhält ein Klangholzpaar, ein Glöckchen und eine Rassel, die es vor sich auf den Boden legt. Alle Kinder spielen nun das jeweilige Instrument zum passenden Zeitpunkt.

Wie der Weihnachtsmann zu seinem Schlitten kam

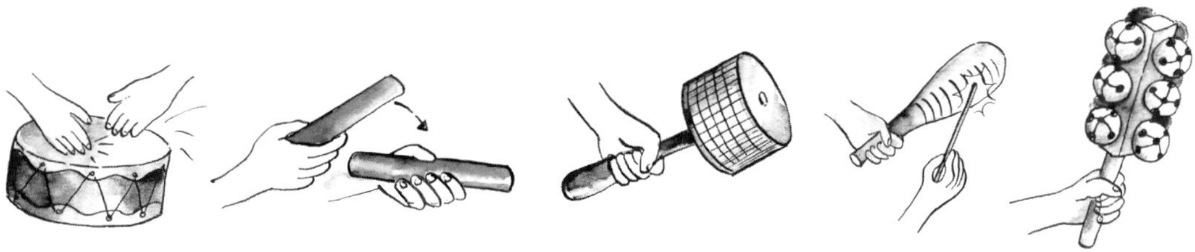

Handtrommel, Klanghölzer, Cabasa, Guiro, Schlittengeläut

Handtrommel	Der Weihnachtsmann stapft durch den Schnee, die Füße tun ihm ganz schön weh.
Handtrommel, langsam und schwer	Der Weg wird immer mühsamer, sein Schritt wird immer langsamer.
Stille	Auf einmal bleibt er plötzlich stehn, er kann ganz einfach nicht mehr gehn.
Klanghölzer	Da rennt mit prächtigem Geweih, ein starkes Rentier schnell vorbei.
Klanghölzer, gerieben	Es spricht ihn an, fragt int'ressiert: „Was ist denn los? Was ist passiert?"
Handtrommel, gerieben	Der Weihnachtsmann sagt daraufhin: „Ich bin zu alt, 's hat keinen Sinn.

Der Sack ist viel zu schwer für mich.“	Cabasa
Er klingt so richtig jämmerlich.	
Das Rentier sagt: „Ach was, i wo!“	Guiro
Und röhrt ganz laut: „Holladrio!“	
Rentiere kommen angerannt	Klanghölzer
ziehn ihren Schlitten quer durchs Land.	Schlittengeläut
Der Weihnachtsmann steigt sogleich ein,	Handtrommel, 1× geschlagen
bringt alles zu den Kindern heim.	Schlittengeläut
Alle freun sich und sind froh,	alle Instrumente
machen’s seitdem immer so.	

Der Streik

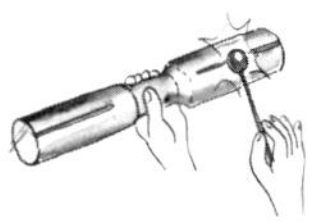

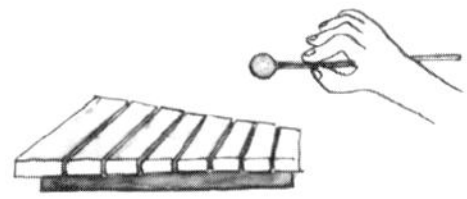

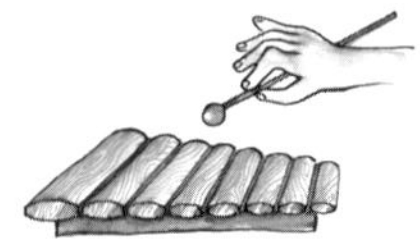
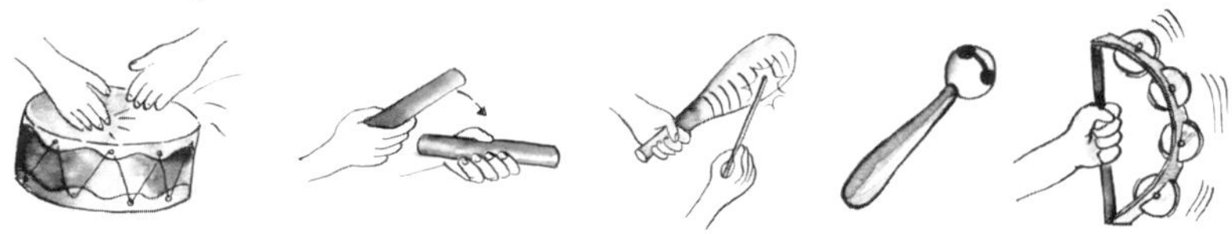

Röhrentrommel, Triangel, Metallophon, Oceandrum, Xylophon,
Handtrommel, Klanghölzer, Guiro, Glöckchen, Schellenkranz

Röhrentrommel	Bis Weihnachten ist nicht mehr lang,
Triangel	dem Herrgott wird es langsam bang.
Stille	Wichtel tun nicht ihre Pflicht,
	der Weihnachtsmann arbeitet nicht.
Metallophon	Wunschzettel liegen kreuz und quer,
	doch niemand stellt Geschenke her.
	Stille herrscht im Weihnachtsland,
Oceandrum	denn alle liegen faul am Strand.
Xylophon	Der Herrgott fragt den Weihnachtsmann:
Oceandrum	„Was macht ihr hier beim Wassermann?
Xylophon	Was macht ihr nur für Schwierigkeiten,
	ihr müsst doch alles vorbereiten.“

Der Weihnachtsmann brummt daraufhin:	Handtrommel
„Wir woll'n nicht mehr, 's hat keinen Sinn.	
„Wunschzettel schreibt ein jeder,	Handtrommel, gerieben
mit Bleistift, Füller oder Feder.	
Meine Wichtel und auch ich,	Klanghölzer, auf verschiedene
erfüllen alles vorbildlich.	Spielweise
Monatelang sind wir am hetzen,	alle, schnell
können uns nicht einmal setzen.	
Heilig Abend geht alles raus,	Guiro
Freude tönt aus jedem Haus.	Glöckchen
„Danke" hören jetzt Verwandte,	Schellenkranz
Mama, Papa, Onkel, Tante.	
Niemand greift zu einem Stift,	Stille
und malt ein Bild mit Dankesschrift.	Handtrommel, gerieben
Wir schuften zwar tagein, tagaus,	Klanghölzer
doch and're kriegen den Applaus.	Klanghölzer, geklopft
Kaum ist jedoch ein Jahr vergangen,	
müssen wir wieder Wünsche empfangen.	Stille
Wir haben darauf keine Lust,	Handtrommel
und schieben hier totalen Frust."	Xylophon

Xylophon — „Das kann ich wirklich gut verstehn,
doch kann es so nicht weitergehn.

Geschenke müssen untern Baum,
sonst wird das Fest ein böser Traum.

Stille — Ich schlage euch 'nen Handel vor,
hört mal her und seid ganz Ohr:

Schschschhhhschhhhschhh,
schhhhschhhhhschh..."

Handtrommel, leise schlagend — Der Weihnachtsmann nickt ganz bedächtig:
„Die Idee klingt wirklich prächtig.

Handtrommel, trippelnd — Ich geb den Wichteln rasch Bescheid,
Klanghölzer — sie stehen gleich wieder bereit."

Tipp:
Am Ende bietet sich ein Gespräch mit den Kindern über die Frage an: „Was kann der liebe Gott dem Weihnachtsmann vorgeschlagen haben?"

Der Tannenbaum

Tannenbäume

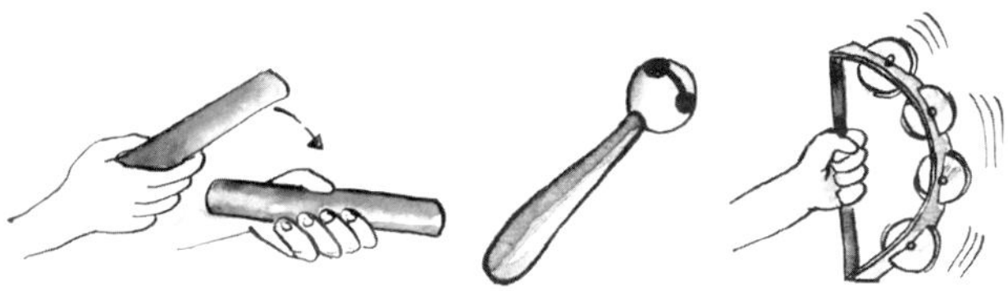

Klanghölzer, Glöckchen, Schellenkranz

Wenn ich zu dieser Jahreszeit	Klanghölzer
abends durch die Straßen gehe,	
zähl ich mit Leidenschaftlichkeit	
Lichterbäume, die ich sehe.	
Ich beginne im November	
und zähle erst nur ein bis zwei.	1 Glöckchen, 2 Glöckchen
Doch am Anfang des Dezember	
leuchten mindestens schon drei.	3 Glöckchen
Vier erhellte Tannenbäume	4 Glöckchen
zähl ich bald schon als Passant.	Klanghölzer
Doch wenn ich nachts von ihnen träume,	
stehn noch mehr am Wegesrand.	Schellenkranz

Variante:
Jedes Kind erhält eine Triangel, die es entsprechend der Anzahl der leuchtenden Bäume anschlägt.

Der Weihnachtsbaumtraum

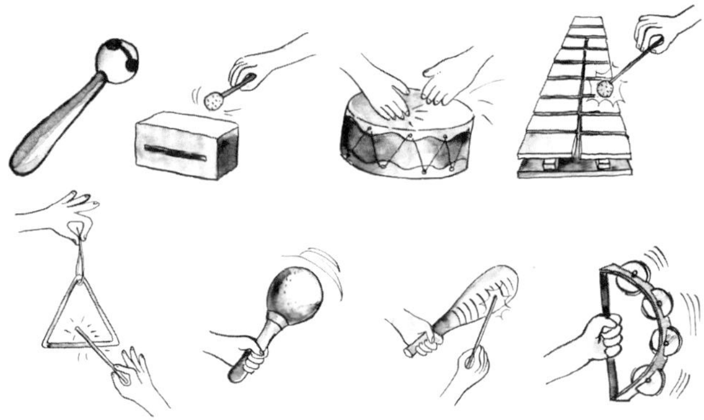

Glöckchen, Holzblocktrommel, Handtrommel, Glockenspiel, Triangel, Rassel, Guiro, Schellenkranz

Glöckchen	Ich hatte einen schönen Traum:
Holzblocktrommel	Ich schlug im Wald 'nen Tannenbaum.
	Ich suchte mir den schönsten aus
Handtrommel	und stapfte dann mit ihm nach Haus.
Glockenspiel, nach oben spielen	Im Zimmer stellte ich ihn auf
Triangel	und steckte viele Kerzen drauf.
Rassel	Ich hängte auch noch Kugeln dran,
Guiro	dann machte ich die Lichter an.
Schellenkranz	Mein Tannenbaum erstrahlte hell
	und glänzte ganz sensationell.

Der Dachboden

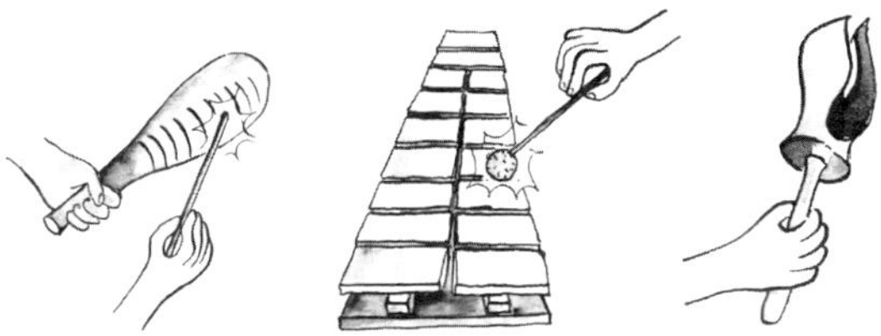

Guiro, Glockenspiel, Stielkastagnette

Heut holen wir den Weihnachtsschmuck,
ihr werdet sehn, das geht ruck, zuck.

Die Tür zum Speicher knarrt laut auf,	Guiro
wir steigen nun die Treppe rauf.	Glockenspiel, einzeln nach oben spielen
Hier oben sind wir ganz gebannt.	Stille
Doch mit dem Schmuck in unsrer Hand,	Glockenspiel, einzeln nach unten spielen
klettern wir ganz schnell treppab,	
die Türe knarrt und schließt schnapp-schnapp.	Guiro, Stielkastagnette

Die Heilige Nacht

Der hellste Stern

Glöckchen

Heut Nacht wird Gottes Sohn geboren
und ein Stern wird auserkoren,
dies zu verkünden auf der Welt
als helles Licht am Himmelszelt.

1. Glöckchen, laut und schnell	„Ich mach das kleine bisschen schon“,
	sagt ein Stern in leichtem Ton.

Er leuchtet von der Himmelsmitte,
doch unten hört man keine Schritte.
Niemand sucht den Weg zum Stall,
es ist ein wahrer Unglücksfall.

langsamer und leiser werden, Stille	Kleinlaut kehrt der Stern zurück
2. Glöckchen, laut und schnell	und ein zweiter sucht sein Glück.

Er leuchtet von der Himmelsmitte,
doch unten hört man keine Schritte.
Niemand sucht den Weg zum Stall,
es ist ein wahrer Unglücksfall.

Kleinlaut kehrt der Stern zurück	langsamer und leiser werden, Stille
und ein dritter sucht sein Glück.	3. Glöckchen
Er leuchtet …	…
Kleinlaut kehrt der Stern zurück	
Und sagt: „Allein hat keiner Glück.	
Kein Mensch hat uns bisher gesehn,	
niemand wollt zur Krippe gehn.	
Doch ich weiß, es wird uns glücken,	
wenn wir nah zusammenrücken.	
Viel heller strahlt dann unser Licht,	alle Glöckchen
verkündet unsre Heilsnachricht.“	
Das Sternenlicht scheint hell von oben,	
alle Menschen sehn nach droben.	
Jeder folgt dem Weg zum Stall,	
Freude herrscht nun überall.	

Sternleuchten

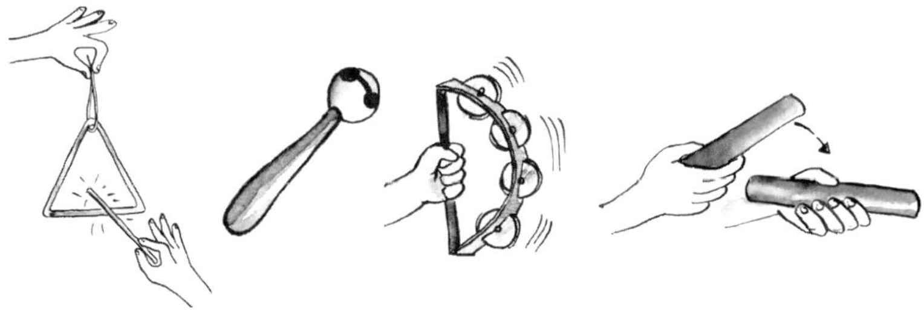

Triangel, Glöckchen, Schellenkranz, Klanghölzer

	Die Hirten sitzen auf dem Feld,
Triangel	als ein Stern die Nacht erhellt.
Glöckchen	Ein Engel taucht vor ihnen auf
	und sagt: „Schaut zu dem Stern hinauf.
Triangel	Er führt euch sicher durch die Nacht,
	denn ohne Schmuck und ohne Pracht,
Schellenkranz	ist Gottes Sohn im Stall gebor'n.
	Er ist als Heiland auserkor'n."
Klanghölzer	Die Hirten gehen zu dem Stall,
alle Instrumente	Freude herrscht allüberall.

Drei Könige

Metallophon, Xylophon, Glockenspiel, Klangschale

Drei Könige folgen dem Stern, ziehen los und suchen den Herrn.	Metallophon, Xylophon, Glockenspiel
Der Weg führt durch Jerusalem in einen Stall in Betlehem.	
Dort finden sie das Jesuskind, das Frieden auf die Erde bringt.	Klangschale

Weihnachtsnacht

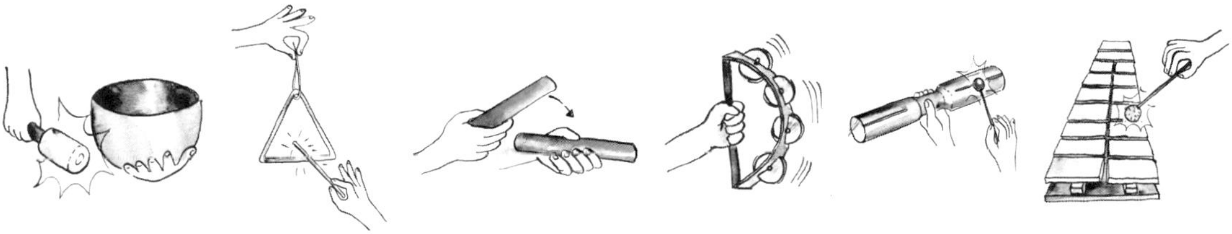

Klangschale, Triangel, Klanghölzer, Schellenkranz, Röhrentrommel, Glockenspiele

Stille	Es geschah in einer kalten Nacht,
	die Hirten hielten ihre Wacht,
Klangschale	als zu ihnen ein Engel spricht:
	„Ihr Hirten, fürchtet euch nicht!
	Ein Wunder ist heut Nacht geschehn.
Triangel	Folgt dem Stern, um es zu sehn!“
	Die Hirten sagen: „So soll es sein!“
Klanghölzer	Und folgen gleich des Sternes Schein.
	In einem Stall bei Esel und Rind
Schellenkranz	finden sie das himmlische Kind.
Röhrentrommel	Sie knieen an der Krippe nieder,
	und singen dabei Dankeslieder.
Glockenspiele	Auch drei Könige sind gleich da:
	Caspar, Melchior, Balthasar.
alle Instrumente	Ein jeder freut sich ja so sehr
	und bringt dem Kinde Freud und Ehr.

Heilige Nacht

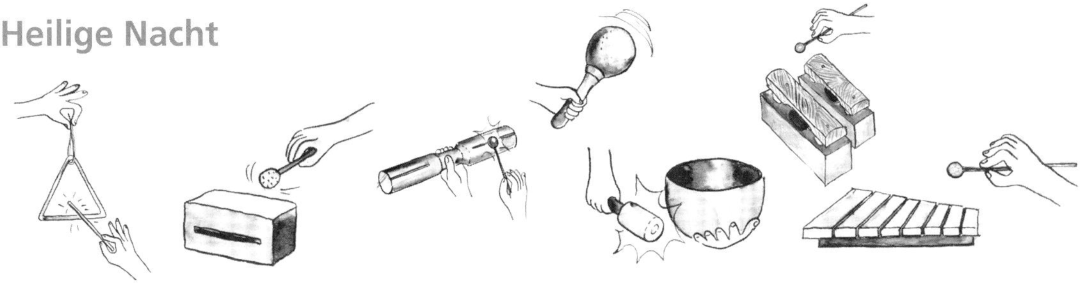

Triangel, Holzblocktrommel, Röhrentrommel, Rassel, Klangschale,
2 Klangstäbe unterschiedlicher Tonhöhe, Metallophon

Maria und Josef frieren so sehr,	Triangel
der Weg nach Betlehem fällt ihnen schwer.	
Sie klopfen an mehrere Gebäude	Holzblocktrommel
und fragen die dort wohnenden Leute	
nach einem Bett für diese eine Nacht	
doch jeder sagt: „Das kommt nicht in Betracht.“	Röhrentrommel
Doch dann bietet ihnen ein netter Mann,	
ein Bett aus Stroh in seinem Tierstall an.	Rassel
Maria und Josef betten sich sacht	
im Stall für eine ruhige Nacht.	Stille
Doch dieser Platz ist auserkoren,	
und Jesus Christus wird geboren.	Klangschale
So werden Ochs und Esel Zeugen	2 Klangstäbe
wie drei Könige sich vor ihm verbeugen.	Metallophon

Der vertauschte Sack

Geschenke packen, verteilen	Xylophon
Wichtel gehen zum Schlitten	Klanghölzer
Gurte festzurren	Guiro
Weihnachtsmann geht	Handtrommel
Schlitten fährt, Rentiere	Schlittengeläut
Sandmännchen	Rassel
Trubel, sich freuen	alle Instrumente
Kälte	Metallophon, schnelles Glissando
Kakao kochen	Rührtrommel
sich erschrecken	Triangel
schlafen, schnarchen	Double Wooden Agogo

Xylophon
Klanghölzer
Guiro

Ganz früh am Weihnachtsmorgen **packten** in der Weihnachtsstadt alle Wichtel die Weihnachtsgeschenke in den großen Weihnachtssack. Gemeinsam brachten sie ihn anschließend zum großen Weihnachtsschlitten, schnallten ihn mit den extra dafür vorgesehenen **Gurten** an und zogen diese dann stramm. Der Weihnachtsmann stand daneben und beobachtete diesen Vorgang ganz genau. Schließlich durfte er auf der Fahrt zu den Kindern kein einziges Geschenk verlieren!

Handtrommel

Als die Wichtel fertig waren, **ging der Weihnachtsmann** noch einmal um den Schlitten herum und prüfte da-

bei, ob der Weihnachtssack mit all den Päckchen auch wirklich fest saß. Dann stieg er auf und schon flogen die **Rentiere** mit ihm los.	Schlittengeläut
In diesem Jahr machte sich der Weihnachtsmann schon etwas früher auf den Weg. Der Grund dafür lag darin, dass er auf dem Weg zu den Kindern noch gerne bei seinem gutem Freund, dem **Sandmännchen** vorbeischauen wollte. Wegen des ganzen **Vorweihnachtstrubels** in den letzten Tagen hatte er es nicht geschafft, dem Sandmännchen sein Geschenk vorbeizubringen. Dazu muss man wissen, dass der Weihnachtsmann und das Sandmännchen wirklich sehr sehr gute Freunde sind.	Rassel alle Instrumente
Der **Schlitten sauste** noch um die letzte Kurve und schon hielten die Rentiere vor dem Gartentor des Sandmännchens. Der **Weihnachtsmann** stieg aus, löste den **Schlittengurt** und **stapfte** mit seinem Sack ins Haus. Dort wurde er freudig von seinem Freund empfangen. Sofort übergab der Weihnachtsmann sein mitgebrachtes Geschenk. Das **Sandmännchen** packte sogleich aus und freute sich riesig. Der Weihnachtsmann hatte ihm einen neuen warmen, langen, roten Schal geschenkt, denn das **Sandmännchen** hatte ihm letzten Monat erzählt, dass es im Winter nachts immer so **kalt** wäre und dass ihn sein alter Schal nicht mehr so richtig wärmen würde. Ihr könnt euch also vorstellen, wie sehr sich das Sandmännchen gefreut hatte. Da der Weihnachtsmann noch ein wenig Zeit hatte, **kochte** das **Sandmännchen** etwas **Kakao** und die **beiden** setzten sich zu einem kleinen Plausch zusammen. Dabei hätten die zwei Freunde fast	Schlittengeläut Handtrommel Guiro, Handtrommel Rassel Rassel Metallophon, schnelles Glissando Rassel, Rührtrommel Handtrommel, Rassel

Schlittengeläut	die Zeit vergessen, wenn sich die **Rentiere** nicht nach
	einiger Zeit draußen gemeldet hätten.
	„Oje, jetzt ist es aber spät!", rief da der Weihnachtsmann.
	„Ich muss mich beeilen! Machs gut, Sandmännchen, bis
	zum nächsten Mal!" Er schulterte den großen braunen
Handtrommel	Sack, **lief** aus dem Haus, schnallte den Sack mit dem
Guiro	**Gurt** fest, stieg auf seinen Schlitten und schon ging seine
Schlittengeläut	Fahrt weiter. So schnell die **Rentiere** konnten, zogen sie
	den Schlitten zu den Kindern. Gerade noch rechtzeitig
	konnte er alle **Geschenke** unter den Weihnachtsbäumen
Xylophon	**verteilen**.
	Als er das letzte Geschenk abgegeben hatte, setzte er sich
Stille	einen Moment in den Schnee und atmete tief durch. Das
	war aber eine Hektik gewesen. Zum Glück war noch
	einmal alles gut gegangen. Nachdem er sich etwas er-
	holt hatte, beschloss der Weihnachtsmann ein weiteres
Handtrommel	Mal **zurückzugehen** und zumindest noch einmal durch
	ein Fenster zu schauen. Er liebte es, die Freude der Kin-
	der beim Auspacken der Geschenke mit eigenen Augen
Handtrommel	zu sehen. Langsam und leise **stapfte** er zu einem hell
Triangel	erleuchteten Fenster. Doch, o **Schreck**! Was sah er da?
	Die ganze Familie lag unter dem Weihnachtsbaum und
Double Wooden Agogo	schlief! Der Vater **schnarchte** sogar so laut, dass der Weih-
	nachtsmann es durch die Hauswand hören konnte.
Handtrommel	Schnell **lief** der Weihnachtsmann zum nächsten Haus.
D W Agogo	Und was sah er da? Es war entsetzlich! Wieder **schliefen**
Handtrommel	alle unter dem Tannenbaum! Er **eilte** zum nächsten Haus
	und noch bevor er durch die Fenster blickte, hörte er

erneut einen **Schnarchton**. „Das gibts doch nicht! Das	D W Agogo
kann doch nicht sein!“ Der Weihnachtsmann schüttelte	
den Kopf. Was war denn nur passiert? Er **rannte** zurück	Handtrommel
zu seinem Schlitten. Hatten seine Wichtel einen Fehler	
gemacht? Und plötzlich dämmerte es ihm. Er betrach-	
tete den großen braunen Sack, der nun leer war, etwas	
genauer und ganz unten las er: Dieser Sack gehört: dem	Stille
Sandmännchen.	Rassel, leise
O nein! In seiner Eile hatte er beim Aufbruch den	
falschen Sack gegriffen! Er hatte den Sack des Sand-	
männchens mitgenommen und am Heiligen Abend lau-	
ter Traumsand verschenkt. Kein Wunder, dass alle unter	
den Tannenbäumen lagen und **schnarchten**.	D W Agogo
Schnell stieg der **Weihnachtsmann** wieder auf seinen	Handtrommel
Schlitten und die **Rentiere** fuhren ihn weihnachtsschnell	Schlittengeläut
zum Haus des Sandmännchens zurück. Das **Sandmänn-**	Rassel
chen war ebenfalls ganz entsetzt, als es die Geschich-	
te erfuhr. Aber da die beiden ja wirklich gute Freunde	
waren, sagte es sofort: „Ich helfe dir. Das ist doch klar!“	
Nun **gingen beide** zum Schlitten, **schnallten** den vollen	Handtrommel, Rassel, Guiro
Weihnachtsgeschenkesack an, stiegen auf und schon eil-	
ten die **Rentiere** wieder zurück zu den Kindern.	Schlittengeläut
Dort angekommen, **betraten beide** ganz leise das erste	Handtrommel, Rassel
Haus. Noch immer schlief alles ganz tief und fest und	
nur das laute **Schnarchen** war zu hören. Zunächst legte	D W Agogo
dann der Weihnachtsmann seine **Geschenke** unter den	Xylophon
Baum. Erst danach sammelte das **Sandmännchen** seinen	Rassel
Traumsand wieder ein. Anschließend **liefen sie** schnell	Handtrommel, Rassel

hinaus, denn schließlich durften sie nicht mehr anwesend sein, wenn alle im Haus aufwachten.

Xylophon
Rassel
Handtrommel, Rassel,
Xylophon …

So machten sie es nun in jedem Haus: erst **Geschenke verteilen**, dann den **Traumsand** einsammeln – ins nächste Haus **laufen**: **Geschenke verteilen**, **Traumsand** einsammeln und so weiter.

alle Instrumente

Am Ende waren beide ganz schön müde, kann ich euch sagen. Aber als sie zum Abschluss noch einmal durch die Fenster blickten, vergaßen sie ihre Müdigkeit ganz schnell, denn alle Menschen **freuten sich** wie verrückt über ihre Geschenke und niemand konnte sich erinnern, dass er das halbe Weihnachtsfest in jenem Jahr verschlafen hatte.

Der Lebkuchenmann

Lebkuchenfabrik	Metallinstrumente nach Wahl
Zellophan	Rassel
Klebeband, kleben, ablösen	Guiro
gehen	Klanghölzer
Kiste fällt herunter	Handtrommel
gebrochener Arm	Triangel
viele Kinder	Schellenkranz
traurig sein	Glockenspiel
Lisa	Fingercymbeln
Puderzucker	Shekere
Zitronensaft	Cabasa
verrühren	Rührtrommel
Zuckerguss auftragen	Handtrommel, mit Jazzbesen oder gerieben

In der **Lebkuchenfabrik** herrschte Hochbetrieb. Alle Maschinen arbeiteten auf Hochtouren, damit die letzten Lebkuchen für dieses Jahr fertiggestellt und ausgeliefert werden konnten. Am Verpackungsstand wurde gerade ein	alle Metallinstrumente
besonders schöner Lebkuchenmann in **Zellophan** eingetütet und anschließend in eine große Kiste gelegt. Jetzt	Rassel
klebte jemand das Paket mit einem breiten **Klebeband**	Guiro
zu. Einmal waagerecht um die ganze Kiste und dann	Guiro
noch einmal in die andere Richtung. Da war es plötzlich	Guiro
ganz dunkel um den schönen Lebkuchenmann herum	Stille

und ein klein bisschen fürchtete er sich auch. Aber zum Glück waren überall um ihn herum noch andere Lebkuchen und es dauerte nicht lange, da hatte er schon die ersten Freundschaften geschlossen.

	Schon bald kam ein Lastwagenfahrer vorbei, nahm die
Klanghölzer	Kiste und **ging** mit ihr zu seinem großen LKW. Er lud die
	Lebkuchenkiste ein und schon ging die Fahrt zu einem
	großen Kaufhaus los. Dort sollte der schöne Lebkuchen-
	mann im Schaufenster ausgestellt werden. Doch wisst
	ihr, was dem Lastwagenfahrer passiert ist? Als er am Ziel
Klanghölzer	angekommen war, stieg er aus, **ging** um seinen Wagen
	herum und wollte die Kiste ins Kaufhaus tragen. Doch
	beim Hochheben rutschte sie ihm aus den Händen und
Handtrommel	sie **fiel** mit einem lauten Plumps auf den Boden.

Guiro	Oje – als der Verkäufer das Paket **öffnete**, sah er sofort
	das Malheur. Der wunderschöne Lebkuchenmann hatte
Triangel	sich den rechten **Arm gebrochen**! Den anderen Leb-
	kuchen war zum Glück nichts passiert, aber so konnte
	der Lebkuchenmann auf gar keinen Fall mehr ins Schau-
	fenster gestellt werden. Der Verkäufer nahm den süßen
	Mann in die Hand und stellte ihn in ein Regal. Aber
	natürlich wollte ihn nun niemand mehr kaufen. Jeden
Schellenkranz	Tag kamen **viele Kinder** in die Süßwarenabteilung und
	fast jedes Kind blieb vor ihm stehen und bewunderte
	seine Schönheit. Zuerst wollten sie ihn auch alle sofort
	kaufen, aber auf den zweiten Blick sahen sie seinen **ge-**
Triangel	**brochenen Arm** und da wandten sie sich alle ab und
Glockenspiel, einzelne Töne	entschieden sich für etwas anderes. Der Lebkuchenmann
nach unten spielen	wurde immer **trauriger** und trauriger.

Schließlich kam der Weihnachtsmorgen und die Regale	
waren so gut wie leer. Nur der Lebkuchenmann stand	
noch immer **traurig** im Regal. Da betrat ein kleines	Glockenspiel
blond gelocktes **Mädchen** den Raum, sah den Lebku-	Fingercymbeln
chenmann und rief seiner Mutter zu: „Mama, Mama,	
den möchte ich haben." Die Mutter **kam näher** und sah	Klanghölzer
sich den Lebkuchenmann an. „Aber Lisa", sagte sie, „sieh	
doch nur, er hat doch schon einen **kaputten Arm**."	Triangel
„Ich weiß, Mama, deshalb möchte ich ihn ja. Bestimmt	
tut er ihm weh. Wir müssen ihm helfen. Bitte!", sie sah	
ihre Mutter mit bittenden Augen an. „Nun gut", stimmte	
die Mutter schließlich zu, nahm den Lebkuchenmann	
und **ging** mit ihm zur Kasse. Der Verkäufer hatte Lisas	Klanghölzer
Worte gehört und sagte: „Ich schenke dir den Lebku-	
chenmann. Heute ist schließlich Weihnachten und ver-	
kaufen kann ich ihn ohnehin nicht mehr." – „Danke!",	
rief **Lisa** glücklich und lief schnell mit ihm nach Hause.	Fingercymbeln
Zuhause angekommen, nahm Lisa ihn sofort aus seiner	Rassel
Zellophanhülle und sagte zu ihm: „So, nun kümmern	
wir uns erst einmal um deinen Arm!" Sie nahm eine	
Schüssel und schüttete etwas **Puderzucker** und **Zitro-**	Shekere, Cabasa
nensaft zusammen.	
Dann **verrührte** sie alles kräftig. Als der Zuckerguss fer-	Rührtrommel
tig war, **strich** sie ihn mit einem Pinsel auf die Bruchstel-	Handtrommel mit Jazzbesen
le des Lebkuchenmannes und siehe da, der Arm klebte	
wieder fest.	

Der Lebkuchenmann war überglücklich und als Lisa ihn nun mit in ihr Zimmer nahm, schien es fast, als ob er vor Glück lächelte.

Der Weihnachtszug

Telefon klingelt	Triangel
Hörer abnehmen und auflegen	Holzblocktrommel
Dr. Olschijewski spricht	Shekere
Weihnachtsmann spricht	Handtrommel
Dr. Olschijewski überlegt	Guiro
gehen	Klanghölzer
hämmern und klappern	Stielkastagnette
streichen	Handtrommel, mit Jazzbesen oder gerieben
Zug fährt	Zugpfeife
alle jubeln	Schellentambourin
in den Zug einsteigen, einladen	Glockenspiel, nach oben spielen
aus dem Zug aussteigen, ausladen	Glockenspiel, nach unten spielen

Triangel	Anfang Oktober **klingelte** bei Herrn Dr. Olschijewski das Telefon. Es klingelte so laut und eindringlich, dass er bereits am Klingeln hörte, wie eilig es der Anrufer hatte.
Holzblocktrommel	Er nahm den **Hörer ab**:
Shekere	„Dr. Olschijewskis Eisenbahnfabrik, guten Tag. Was kann ich für Sie tun?“
	Am anderen Ende hörte er eine tiefe Stimme antwor-
Handtrommel	ten: „Guten Tag. Hier spricht der **Weihnachtsmann**. Wir haben hier im Weihnachtsland ein großes Problem. Un-

ser Weihnachtszug ist soeben kaputt gegangen und wir benötigen dringend sofort Ersatz. Können Sie uns helfen?“	
Dr. Olschijewski brummte: „Hm, hmm! Sofort? Ja?“	Guiro
Der **Weihnachtsmann** antwortete: „Ja, natürlich. In drei Monaten ist schließlich Weihnachten. Wir brauchen sofort einen anderen Zug.“	Handtrommel
Wieder **überlegte** Dr. Olschijewski. „Hm, hmm! Ja, ich glaube, da habe ich eine Lösung. Der Zug ist übermorgen bei Ihnen.“	Guiro
„Wunderbar! Phantastisch! Vielen Dank“, freute sich der	Handtrommel
Weihnachtsmann und **legte auf**.	Holzblocktrommel
Auch Dr. Olschijewski **legte** den **Hörer** wieder zurück.	Holzblocktrommel
Dann **ging** er schnell die Treppen hinunter und eilte in seine Eisenbahnfabrik, wo alle Züge und Wagons hergestellt werden.	Klanghölzer
Sein Blick fiel auf eine kleine, leuchtend rote Lokomotive.	
„Das ist es!“, **sagte** er sich und rief laut nach seinen Mitarbeitern Roman und Mika. „Hört zu: Der Weihnachtsmann braucht dringend einen neuen Zug. Wir nehmen die kleine rote Lokomotive hier. Sie ist genau richtig. Allerdings braucht sie einen stärkeren Motor, damit sie die ganzen Geschenke transportieren kann. Schafft ihr das?“ Roman und Mika nickten. „Natürlich!“ riefen sie	Shekere
und liefen gleich zu ihren Maschinen. Nun **hämmerte** und **klapperte** es den ganzen Tag und die ganze Nacht. Die Maschinen standen keine Minute still und als Dr. Olschijewski am nächsten Morgen wieder in die Fabrik	Stielkastagnette

Klanghölzer	**kam**, stand die schöne rote Lokomotive mit stärkerem Motor wieder an ihrem Platz.
Shekere Handtrommel mit Jazzbesen	**Dr. Olschijewski** nickte zustimmend: „Wunderbar! Nun braucht sie noch Waggons. Nehmt die dort hinten. Da müsst ihr nur die Anhängerkupplungen auswechseln und die Wagen rot und grün streichen. **Streicht** immer abwechselnd, so dass an die rote Lokomotive zunächst ein grüner, dann ein roter und dann wieder ein grüner Wagen angehängt werden kann. Diese Farben werden dem Weihnachtsmann bestimmt gefallen."
 Stielkastagnette Handtrommel mit Jazzbesen	Roman und Mika machten sich wieder an die Arbeit. Wieder **hämmerten** sie und **klapperten** mit den Kupplungen aus Eisen. Danach nahmen sie Farbe und Pinsel und **strichen** die Wagen rot und grün.
Klanghölzer Triangel	Dr. Olschijewski hingegen **ging** wieder in sein Büro. Kaum saß er an seinem Schreibtisch, **klingelte** schon wieder sein Telefon. Wie am Tag zuvor klingelte es laut und eindringlich.
Holzblocktrommel Shekere	Er nahm den **Hörer ab**: „Dr. Olschijewskis Eisenbahnfabrik, guten Tag. Was kann ich für Sie tun?"
Handtrommel	„Hier spricht noch einmal der **Weihnachtsmann**. Ich wollte mich nur erkundigen, wie es um meinen Weihnachtszug steht. Schaffen Sie es, mir morgen einen neuen Zug zu liefern?", wollte der Weihnachtsmann wissen.

„Aber sicher doch!“, beruhigte **Dr. Olschijewski**. „Ihr Zug verlässt noch heute Abend meine Fabrik und trifft morgen früh bei Ihnen ein.“	Shekere
„Vielen Dank“, verabschiedete sich der **Weihnachtsmann** und **legte auf**.	Handtrommel Holzblocktrommel
„Gern geschehen“, antwortete **Dr. Olschijewski** und **legte** ebenfalls **auf**.	Shekere Holzblocktrommel
Tatsächlich war der neue Weihnachtszug am Abend fertig gestellt. Die kleine rote Lokomotive war mächtig stolz, als sie am Abend aus der Fabrikhalle **rollte** und ihrer neuen Heimat entgegenfuhr. Schließlich wurde ja nicht jeder Zug ein Weihnachtszug.	Zugpfeife
Als sie am nächsten Morgen im Weihnachtsland **eintraf**, wurde sie bereits vom Weihnachtsmann, allen Weihnachtswichteln und auch von sämtlichen Weihnachtsrentieren erwartet. Alle standen draußen im Schnee und **jubelten** ihr zu. Direkt vor dem Weihnachtsmann blieb sie **pfeifend** stehen.	Zugpfeife Schellentambourin Zugpfeife
„Wunderschön“, begrüßte sie der **Weihnachtsmann** und klopfte ihr zärtlich auf den Tender. Dann **stieg** er **ein**: „Komm, ich zeige dir unser Weihnachtsland.“ Der **Zug fuhr** erneut los und wieder **jubelten** ihm alle zu.	Handtrommel Glockenspiel, nach oben spielen Zugpfeife, Schellentambourin
Jetzt lernte der Zug das ganze Weihnachtsland kennen. Dort gab es viele Häuser, in denen all die Weihnachtswichtel lebten. Morgens **stiegen** sie in den schönen Zug	Glockenspiel, nach oben spielen

Zugpfeife, Glockenspiel, nach unten spielen	**ein** und er **fuhr** sie zu ihren Arbeitsplätzen, wo sie wieder **ausstiegen**.
Zugpfeife, Glockenspiel, nach oben spielen	Tagsüber **fuhr** er von einer Werkstatt zur nächsten und **sammelte** alle fertigen Geschenke **ein**.
Zugpfeife Glockenspiel, nach unten spielen Schellentambourin	Diese brachte er dann zu dem großen Geschenkespeicher, wo alle Geschenke **ausgeladen** wurden. Im Geschenkespeicher wurden nämlich alle Geschenke aufgehoben bis sie am Heiligen Abend endlich unter dem **Jubel** der Wichtel auf den großen Weihnachtsschlitten aufgeladen wurden.
Zugpfeife Glockenspiel, nach oben spielen Zugpfeife Glockenspiel, nach unten spielen	Am Abend drehte die Lokomotive schließlich die letzte Runde. Dann **stiegen** wieder alle Wichtel in den Zug **ein** und die kleine rote Lokomotive **fuhr** alle fleißigen Geschenkehersteller wieder nach Hause, wo sie müde aus dem Zug **ausstiegen** und sich in ihre Betten legten.
	„Was für ein wunderschönes neues Zuhause“, dachte die kleine Lokomotive und war überglücklich.

Waldweihnacht

sich beim Auspacken der Geschenke freuen	Schellenkranz
der Schlitten fährt	Schlittengeläut
Lichtung	Fingercymbeln
Schneehasen	Holzblocktrommel
streicheln	Handtrommel, gerieben
Hirsch und Reh	Röhrentrommel
Meisen und Rotkehlchen	Glöckchen
Specht	Klanghölzer
Adler	Becken
Fuchs schleicht um den Baum	Rührtrommel
Waschbär kratzt sein Fell	Guiro
beruhigende Worte des Weihnachtsmannes	Rainmaker

Jedes Jahr am Heiligen Abend, wenn alle Menschen zuhause unter ihrem Weihnachtsbaum sitzen und freudig	
ihre **Geschenke auspacken**, **fährt** der Weihnachtsmann	Schellenkranz
mit seinem **Schlitten** zu seiner letzten Station. Schließlich transportiert er in seinem großen Sack nicht nur die Geschenke für alle Kinder. Nein! Der Weihnachtsmann hat zweifelsohne auch ein großes Herz für Tiere und so versteht es sich von selbst, dass er auch für jedes Tier ein	Schlittengeläut
Geschenk dabei hat. Daher **fährt** er jedes Jahr noch in	Schlittengeläut
den tief verschneiten Wald zu der kleinen **Lichtung** mit	Fingercymbeln

	dem großen Tannenbaum. Dort hält er an und wartet
Stille	geduldig.
	Meist dauert es nicht lange, da kommen schon zwei
Holzblocktrommel	**Schneehasen** angehoppelt. Sie begrüßen den Weih-
Handtrommel, gerieben	nachtsmann freudig und er **streichelt** sie eine Weile auf
	seinem Schoß.
Röhrentrommel	Kurz darauf hört er auch schon leise einen **Hirsch** und
	ein **Reh** näher kommen. Sie gesellen sich zu den Ren-
	tieren und begrüßen ihre Freunde.
Glöckchen	Von oben kommen ein paar kleine **Meisen und Rot-**
	kehlchen herbei geflogen. Und tockend wünscht ein
Klanghölzer	hübscher **Specht** frohe Weihnachten. Sogar ein **Adler**
Becken	landet an diesem Tag auf der Lichtung.
Rührtrommel	Um den Baumstamm herum schleicht ein roter **Fuchs**
Guiro	und ein kleiner **Waschbär** kratzt sein Fell am Stamm.
	Nach und nach sind nun alle Tiere eingetroffen. Sie sit-
Stille	zen ganz still um den Schlitten herum und lauschen den
Rainmaker	leisen, **beruhigenden Worten** des Weihnachtsmannes.
Schlittengeläut	Schließlich **fährt** der Weihnachtsmann mit seinem **Schlit-**
	ten weiter, denn er hat noch einen weiten Nachhauseweg
	vor sich. Doch die Tiere stehen noch lange beisammen
	und genießen den Frieden dieser Nacht gemeinsam.

Weihnachten bei Familie Maus

Papa Maus	tiefer Xylophon-klangstab, c′
Mama Maus	hoher Xylophon-klangstab, c″
Leporello	tiefer Glockenspiel-klangstab, c′
Josefine	hoher Glockenspiel-klangstab, c″
vier Adventskerzen	Fingercymbeln, 4×
Kater	Handtrommel, mit Fingerkuppen gespielt
schnarchen	Double Wooden Agogo
Tannenzweig	Rassel
Spannung	Schellenkranz
klirren	Triangel
Dame des Hauses	Klanghölzer

Am vierten Adventssonntag saßen alle Familienmitglieder von Familie Maus zusammen. Zu Familie Maus gehörten: **Papa Maus** und **Mama Maus** und noch die beiden kleinen Mausekinder **Josefine** und **Leporello**. Alle saßen um einen kleinen Mausetisch herum auf dem **vier Adventskerzen** brannten und **sangen** Mäuseweihnachtslieder.

XKlstab c′, XKlstab c″

GlKlangstab c″, GlKlangstab c′

Fingercymbeln, alle Klangstäbe

Schließlich meinte **Papa Maus**: „Ja, ich denke, dieses Jahr muss Weihnachten leider ausfallen. Nachdem es hier im

XKlangstab c′

Handtrommel	Haus neuerdings einen **Kater** gibt, hat sich einiges verändert. Es ist viel zu gefährlich, unser Mauseloch zu verlassen.“
XKlangstab c″	„Du hast Recht, Schatz! Auch wenn es sehr schade ist“, stimmte **Mama Maus** zu.
GlKlangstäbe c′, c″	**Leporello** und **Josefine** aber protestierten: „Nein, das geht doch nicht. Weihnachten ist immer so schön und niemals gibt es in der Speisekammer so leckere Sachen wie zu dieser Zeit.“
XKlangstab c′	„Das stimmt wohl. Aber Kater Kralle ist wirklich ehrgeizig und flink. Wir haben keine Chance gegen ihn. Alle bleiben hier. Habt ihr das verstanden?“, fragte **Papa Maus** streng.
GlKlangstäbe c′, c″ XKlangstab c″	Die **beiden Mäusekinder** nickten traurig und **Mama Maus** beruhigte sie: „Wir werden Heiligabend einfach wieder unsere Kerzen anzünden und zusammen singen. Ihr werdet sehen, es wird bestimmt auch so gemütlich werden.“
GlKlangstab c′	Als die beiden kleinen Mäuse am Abend in ihren Bettchen lagen, meinte **Leporello**: „Josefine, das können wir nicht zulassen. Wir brauchen einen Weihnachtsbaum und einen Weihnachtskäse zum Fest.“
GlKlangstab c″	„Da hast du Recht. Komm, wir schleichen uns einmal in die Küche und schauen uns um“, stimmte **Josefine** sofort zu.
GlKlangstäbe c′, c″ Stille	Gemeinsam schlichen die **beiden** aus ihrem Mauseloch heraus. An der Ecke zur Küche blieben sie stehen und schauten zunächst vorsichtig um die Ecke, ob die Luft
GlKlangstäbe c′, c″	rein war. Als sie nichts entdecken konnten, schlichen sie leise weiter.

Vor der Küchentür machten sie wieder Halt. Zum Glück	Stille
stand sie einen Spalt offen, so dass sie hindurchspähen	
konnten. Doch was sie da erblickten, gefiel ihnen gar	
nicht. **Kater** Kralle lag direkt vor der Speisekammertür	Handtrommel
und **schnarchte** laut vor sich hin.	D W Agogo
Die **Mäuse** liefen schnell zurück zu ihrem Mauseloch.	GlKlangstäbe c′, c″
„Was machen wir jetzt?“, wollte **Josefine** wissen	GlKlangstab c″
Leporello überlegte einen Moment. „Lass uns ins Wohn-	GlKlangstab c′
zimmer schleichen. Vielleicht haben sie schon den groß-	
en Weihnachtsbaum aufgestellt.“ Gemeinsam machten	GlKlangstäbe c′, c″
sie sich auf den Weg zum Wohnzimmer. An der Tür blie-	
ben sie wieder stehen. Tatsächlich, der Weihnachtsbaum	Stille
stand schon. Zwar hingen noch keine Kugeln daran, aber	
das war den Mäusekindern egal. Leise schlichen sie ins	GlKlangstäbe c′, c″
Zimmer und suchten auf dem Boden nach einem he-	
runtergefallenen Zweig.	
„Hier! Leporello, komm her, ich habe einen Tannenzweig	
gefunden.“, fiepte **Josefine**. **Leporello** eilte herbei und	GlKlstab c″, GlKlstab c′
gemeinsam zogen sie den kleinen **Tannenzweig,** der	Rassel
für zwei kleine Mäusekinder riesengroß war, durch das	
Wohnzimmer.	
Doch kaum hatten sie ihn durch die Wohnzimmertür in	
den Flur geschleppt, da blickten sie in – zwei große gelbe	Schellenkranz
Augen. Plötzlich stand Kater Kralle vor ihnen. Vor lau-	
ter Anstrengung hatten sie ihn gar nicht kommen hören.	
Kater Kralle fauchte und scharrte mit den Tatzen über	Handtrommel
den Dielenboden.	
Josefine und Leporello sahen sich einen Augenblick er-	Stille
schrocken an, ließen den **Tannenzweig** fallen und rann-	Rassel
ten sofort los. Sie rannten so schnell sie konnten und	GlKlstäbe c′, c″
Kater Kralle jagte sie durch das ganze Haus.	Handtrommel

XKlangstäbe c′, c″ alle Klstäbe, Handtrommel	Den Krach hörten natürlich auch **Papa** und **Mama Maus**. Sie kamen eilig aus ihrem Mauseloch gelaufen, um ihren Kindern zu helfen.
Triangel, Klanghölzer	Plötzlich **klirrte** es ganz laut und die **Dame des Hauses** stürzte herbei. Entsetzt sah sie ihre teure Bodenvase in Scherben auf dem Boden liegen. Kater Kralle hatte sie bei der Mäusejagd aus Versehen umgeworfen. Nun bekam er dafür kräftig geschimpft. Die Mäusefamilie jedoch hatte sich schnell unter dem Sofa versteckt und war
Klanghölzer	nicht mehr zu sehen. Die **Dame** nahm Kater Kralle und sperrte ihn zur Strafe in die Besenkammer.
GlKlangstäbe c″, c′	**Josefine** und **Leporello** senkten ihre Köpfe und sagten kleinlaut: „Tut uns leid, Mama und Papa. Aber wir wollten so gerne alles für ein richtiges Weihnachtsfest besorgen.“
XKlangstab c′	**Papa Maus** sagte: „Na, das ist ja gerade noch einmal gut gegangen. Aber das nächste Mal hört ihr auf uns. In Ordnung?“
GlKlangstäbe c′, c″	Die **beiden** Mäusekinder nickten betreten.
XKlangstab c″	„Nun kommt schon, wir haben noch viel zu tun“, rief **Mama Maus** ungeduldig.
GlKlangstab c″	„Was denn?“, wunderte sich **Josefine**.
XKlangstab c″	„Na, so eine Chance wie heute Nacht bekommen wir nie wieder. Kater Kralle ist für die nächsten Stunden in der Besenkammer und wir haben den Weg frei. Auf geht’s!“
GlKlangstäbe c″, c′ Rassel	So sausten **Josefine** und **Leporello** zu ihrem fallen gelassenen **Tannenzweig** zurück und schleppten ihn in

die Mäusewohnung. Währenddessen flitzten **Mama** und **Papa Maus** in die Speisekammer und suchten sich die schönsten Käsestücke für ihr Weihnachtsmenü aus.

XKlangstab c''
XKlangstab c'

So kam es, dass Familie Maus auch in diesem Jahr mit einem richtigen Weihnachtsbaum und mit einem richtigen Weihnachtsessen Weihnachten feiern konnte.

alle Instrumente

Der verletzte Schnabel

Mia fliegt	Glockenrad
kalter Wintertag	Triangel
Sonne	tiefer Klangstab
Schnee schimmert	Schlittengeläut
Tanne	Schellenkranz
auf der Tanne sitzen, zwitschern	1. Glockenspiel
sich spiegeln, Spiegelbild	2. Glockenspiel
Kugel mit dem Schnabel antippen	Stielkastagnette
Kugel zerbricht	Schellentambourin
Dame geht	Klanghölzer
einreiben	Guiro
Verband wickeln	Rührtrommel
vorlesen	Cabasa

Glockenrad	Die kleine Meise **Mia** flog durch die Luft und flatterte dabei fleißig mit ihren kleinen Flügeln. Es war ein
Triangel	herrlicher **Wintertag.** Zwar war es bitterkalt, aber der
tiefer Klangstab	Himmel leuchtete blau, die **Sonne** schien und unter ihr
Schlittengeläut	schimmerte der weiße **Schnee**.
	Schon seit Tagen flog sie jeden Vormittag in den Finkenweg. Dort stand nämlich vor einem wunderschönen weißen Haus eine noch wunderschönere Tanne. Und
Schellenkranz	diese **Tanne** war so prächtig geschmückt, dass Mia sie

sich immer wieder anschauen musste. Lichter leuchteten	
auf ihr und rote und goldene Kugeln schimmerten im	
Sonnenlicht.	
Auch heute flog **Mia** geradewegs in den Finkenweg und	Glockenrad
setzte sich auf einen Zweig dieser Tanne. Dabei lande-	1. Glockenspiel
te sie genau vor einer goldenen Kugel, in der sie sich	
spiegelte. Verwundert betrachtete sie das **Bild** in der Ku-	2. Glockenspiel
gel, denn Mia hatte noch nie ein Spiegelbild gesehen.	
Sie **zwitscherte** ein fröhliches Vogelhallo, doch das Vö-	1. Glockenspiel
gelchen in der Christbaumkugel antwortete nicht. Wie	Stille
denn auch? Es war ja nur ihr eigenes Spiegelbild.	
Mia legte ihr Köpfchen nach links und auch ihr Spiegel-	
bild neigte den Kopf. Mia legte ihr Köpfchen zur ande-	Glockenspiele abwechselnd
ren Seite und wiederum neigte auch das Vögelchen in	
der Kugel seinen Kopf. Mia trillerte noch einmal, doch	
auch dieses Mal erhielt sie keine Antwort. „Merkwür-	Stille
dig", wunderte sie sich. Da **tippte** sie mit ihrem Schnä-	Stielkastagnette
belchen ganz leicht gegen die Kugel. Die Kugel wackelte	
ein bisschen hin und her, aber der Vogel darinnen ant-	
wortete immer noch nicht. Vielmehr verschwamm das	
Bild jetzt in der Kugel. Mia wartete, bis sich die Kugel	2. Glockenspiel, glissando
beruhigt hatte und sie ihr Gegenüber wieder klar sehen	
konnte. Dann **tippte** sie noch einmal mit ihrem Schna-	Stielkastagnette
bel an die Christbaumkugel, denn der Klang hatte ihr	
gefallen.	
Doch da geschah es! Dieses Mal hatte Mia die Kugel	
ein bisschen zu fest angetippt und sie **zerbrach** in viele,	Schellentambourin
viele, kleine Scherben. Das war nun schade um die schö-	

ne Kugel, aber viel schlimmer war, dass Mia ihr Schnabel
jetzt schrecklich wehtat. Sie hatte sich an den Scherben
verletzt!

Schellentambourin Das **Klirren** der Kugel hatte die Bewohnerin des Hauses
Klanghölzer gehört und rasch kam sie nach draußen **gelaufen**, um zu
sehen, was passiert war. Schnell erfasste sie die Situation
und nahm Mia auf ihre Hand.
„Oje, du hast dir wohl den Schnabel verletzt?", sprach sie
Glockenrad zu Mia und **Mia** flatterte leicht mit ihren Flügelchen.
„Dann komm, wir wollen einmal sehen, ob ich dir nicht
Klanghölzer helfen kann." Die **Dame** nahm Mia mit in ihr Haus und
Guiro **rieb** Mias Schnabel mit einer Salbe ein. Anschließend
Rührtrommel **wickelte** sie noch einen dicken Verband um den Schna-
bel. Dann strich sie beruhigend über Mias Federkleid
und sagte:
„In einer Stunde geht es dir wieder gut. Versprochen!
Cabasa Komm, ich **lese** dir solange etwas vor." Das tat sie auch
Rührtrommel und nach einer Stunde **wickelte** sie den Verband wie-
der ab und tatsächlich war Mias Wunde schon geheilt.
Glockenspiel Sie **zwitscherte** ein erleichtertes Vogeldankeschön und
Glockenrad **flatterte** sogleich durch das Fenster hinaus in den wun-
derschönen Wintertag.

Weihnachtsmann oder Christkind?
(für ältere Kinder)

Chiara	Fingercymbeln
Samuel	Stielkastagnette
Eisenbahn	Zugpfeife
Weihnachtsmann	Handtrommel
Christkind	Triangel
Mutter kommt / geht	Klanghölzer
Matratze knarrt	Guiro
Nikolaus von Myra	Holzblocktrommel
heilig sprechen	Klangschale
Martin Luther	Rassel
Jesus Christus wird geboren / Weihnachtsfest	Glockenspiel
Knecht Ruprecht	Handtrommel, mit Jazzbesen oder gerieben

Chiara und **Samuel** saßen in Chiaras Zimmer und spielten mit ihrer **Eisenbahn**.	Fingercymbeln, Stielkastagnette, Zugpfeife
Samuel hielt sich einen länglichen Bauklotz als Mikrofon vor den Mund und machte seine Bahnhofsansage:	Stielkastagnette
„Achtung an der Bahnsteinkante. Es hält Einfahrt der **Weihnachtszug**. Sobald der Zug steht, steigen Sie bitte alle schnell ein, denn morgen kommt der **Weihnachtsmann** und dann müssen alle zuhause sein.“	Zugpfeife Handtrommel
„So ein Quatsch!“, unterbrach ihn **Chiara**. „Morgen kommt doch nicht der **Weihnachtsmann**. Morgen kommt das **Christkind**.“	Fingercymbeln Handtrommel, Triangel

Stielkastagnette	„Unsinn!“
Fingercymbeln	„Gar nicht Unsinn!“
Stielkastagnette	„Du hast ja keine Ahnung!“
Fingercymbeln	„Und du noch weniger!“
Stielkastagnette, Fingercymbeln	Beide wurden immer lauter und schrieen schließlich ganz durcheinander.
Klanghölzer	Da **kam** rasch Chiaras Mutter ins Zimmer und fragte: „Was ist denn bei euch los? Warum streitet ihr euch denn?“
Fingercymbeln	**Chiara** erklärte: „Samuel hat ja keine Ahnung. Er sagt, morgen kommt der Weihnachtsmann.“
Stielkastagnette	„Stimmt ja auch!“, fiel **Samuel** ein.
Fingercymbeln	„Stimmt eben nicht!“, rief **Chiara** laut. „Morgen kommt das Christkind, oder Mama?“
	„Na ja“, antwortete Chiaras Mutter. „Das ist gar keine
Handtrommel, Triangel	leichte Frage, denn es gibt beide Figuren, den **Weihnachtsmann** und das **Christkind.**“
	„Wie? Warum? Das versteh ich nicht!“, wunderte sich
Fingercymbeln	**Chiara** und **Samuel** sagte: „Ich auch nicht!“
Stielkastagnette	„Kommt einmal her. Ich erkläre es euch.“, sagte Chiaras
Guiro	Mama und die Matratze von Chiaras Bett **knarrte,** als sie
Guiro, Guiro	sich darauf setzte. Auch als sich die beiden Kinder zu ihr setzten, knarrte sie ein wenig.
	Chiaras Mutter begann zu erzählen: „Ihr kennt ja die
Holzblocktrommel	Geschichte vom heiligen **Nikolaus.** Er war Bischof von Myra und hat den armen Leuten und den Kindern in seiner Stadt immer geholfen. Er hatte ein gutes Herz.
Klangschale	Deshalb wurde er **heilig gesprochen**, d.h. die Menschen

wissen jetzt, dass er immer gut zu anderen Menschen war und immer jedem geholfen hat ohne jemals etwas dafür zu verlangen. Und wenn wir uns am Nikolaustag, das ist der 6. Dezember, etwas schenken, dann tun wir das, weil er uns das vorgemacht hat. Manchmal stellt auch jemand den **Nikolaus** dar und beschenkt die Kinder.	Holzblocktrommel
Denn der echte Bischof Nikolaus ist schon lange gestorben.	
Doch vor vielen Jahren lebte ein Mann, der hieß **Martin Luther.** Er wollte einiges verändern und	Rassel
erneuern. Unter anderem mochte er nicht, dass **Heilige** verehrt werden und so erfand er das	Klangschale
Christkind, das nun zu Weihnachten, an dem Tag,	Triangel
an dem Jesus Christus geboren worden war, die Kinder bescherte. Einige Menschen sehen in dem **Christkind** einen Engel, andere wiederum be-	Triangel
trachten es als das **Jesuskind** in der Krippe.“	Glockenspiel, glissando
„Und wo ist jetzt mein Weihnachtsmann?“, wollte	Stielkastagnette
Samuel wissen. „Ja, den Weihnachtsmann, so wie wir ihn heute kennen, mit seinem langen weißen Bart und dem langen roten Mantel gibt es noch gar nicht so lange. Früher haben viele Maler und Künstler Bilder vom **Nikolaus** gezeichnet, so wie sie ihn sich vor-	Holzblocktrommel
gestellt haben. In einer Zeit, in der die Kinder viel mit Drohungen und Strafen erzogen wurden, entstand dann die Figur des **Knecht Ruprecht**, der	Handtrommel, mit Jazzbesen
zu den Kindern mit seiner Rute kommt.	

Handtrommel Holzblocktrommel Handtrommel, mit Jazzbesen	Der **Weihnachtsmann** nun ist eine Zusammensetzung aus dem guten **Nikolaus,** der allen lieben Kindern etwas schenkt und dem **Knecht Ruprecht,** der die bösen Kinder straft. Und vor noch nicht gar so langer Zeit hat ihn jemand so gezeichnet, wie ihr ihn heute überall seht. Dieses Bild hat sich dann sehr verbreitet.
Triangel Handtrommel Glockenspiel	Und wisst ihr, ihr Zwei", fügte Chiaras Mutter noch hinzu. „Es gibt eben Menschen, für die bringt das **Christkind** die Geschenke und welche, bei denen bringt sie der **Weihnachtsmann.** Wichtig ist, dass wir an **Weihnachten** die Geburt von Jesus, dem Sohn Gottes, feiern und uns darüber freuen. Und weil wir uns freuen, deshalb beschenken wir uns gegenseitig."
Stille Fingercymbeln Glockenspiel	Beide Kinder waren jetzt ganz still. „Hm", überlegte **Chiara.** „Dann freuen wir uns einfach mal auf morgen, wenn wir **Weihnachten** feiern."
Stielkastagnette Guiro Zugpfeife Glockenspiel	„Ja, das machen wir", stimmte **Samuel** zu, stand auf (die Matratze **knarrte** erneut ein wenig) und lief wieder zu seinem Bauklotzmikrofon: „Achtung an der Bahnsteinkante. Es hält Einfahrt der **Weihnachtszug**. Sobald der Zug steht, steigen Sie bitte alle schnell ein, denn morgen ist **Weihnachten** und dann müssen alle zuhause sein."
Guiro Klanghölzer	Chiaras Mutter lächelte, erhob sich von der **knarrenden** Bettmatratze und **verließ** das Zimmer.